品牌建设与管理经典译丛
The Classic Translated Series of Brand Building and Management

WILEY

总主编　杨世伟

品牌IDEA

非营利品牌建设的完整性、民主化与亲和力

［美］纳瑟莉·莱德勒-柯兰德（Nathalie Laidler-Kylander）

［美］朱莉娅·谢泼德·斯滕泽尔（Julia Shepard Stenzel）◎著

韩啟凡　韩顺平◎译

开放社会基金会主席克里斯托弗·斯通作序
（Christopher Stone）

THE BRAND
IDEA

MANAGING NONPROFIT BRANDS WITH INTEGRITY, DEMOCRACY, AND AFFINITY

经济管理出版社
ECONOMY & MANAGEMENT PUBLISHING HOUSE

北京市版权局著作权合同登记：图字：01-2017-1542

THE BRAND IDEA—MANAGING NONPROFIT BRANDS WITH INTEGRITY，DEMOCRACY，
AND AFFINITY by Nathalie Laidler-Kylander and Julia Shepard Stenzel
Copyright © 2014 John Wiley & Sons，Inc. All rights reserved.
原书 ISBN 978-1-118-55583-5
Published by Jossey-Bass，A Wiley Brand
Chinese Translation（Simplified Characters）Copyright @ 2017 by Economy & Management
Publishing House

All Rights Reserved. This translation published under license.

图书在版编目（CIP）数据

品牌 IDEA——非营利品牌建设的完整性、民主化与亲和力/（美）纳瑟莉·莱德勒-柯兰德，
（美）朱莉娅·谢泼德·斯滕泽尔著；韩启凡，韩顺平译. —北京：经济管理出版社，2017.8
ISBN 978-7-5096-4949-7

Ⅰ.①品… Ⅱ.①纳… ②朱… ③韩… ④韩… Ⅲ.①非营利组织—品牌—研究
Ⅳ.①C912.21

中国版本图书馆 CIP 数据核字（2017）第 031316 号

组稿编辑：梁植睿
责任编辑：高　娅　梁植睿
责任印制：黄章平
责任校对：王淑卿

出版发行：经济管理出版社
　　　　　（北京市海淀区北蜂窝 8 号中雅大厦 A 座 11 层　100038）
网　　址：www.E-mp.com.cn
电　　话：（010）51915602
印　　刷：玉田县昊达印刷有限公司
经　　销：新华书店
开　　本：710mm×1000mm/16
印　　张：14.5
字　　数：215 千字
版　　次：2017 年 8 月第 1 版　2017 年 8 月第 1 次印刷
书　　号：ISBN 978-7-5096-4949-7
定　　价：58.00 元

对《品牌 IDEA》的赞誉

"《品牌 IDEA》对非营利领域的品牌及品牌管理的核心进行了富有洞见的阐述。任何基于合作、利益相关者、政府、雇员、捐助者或其他关系的组织都应该积极地管理自身的品牌。《品牌 IDEA》正是那些工作在非营利领域中的人急需的无价资源。"

——罗布·加里斯（Rob Garris），洛克菲勒基金会总经理

"这部著作极富战略性与思想性，它为身处这个充满挑战性的社会化媒体时代的非营利组织们塑造了一个积极的品牌化框架。书中包含了有说服力的案例，并为以利益相关者为核心和使命驱动为准则的识别一致性工作提供了清晰的路径。"

——雷·奥芬海泽尔（Ray Offenheiser），美国乐施会主席

"书中充满了基于不同非营利组织的案例。作者运用这些案例充分说明了品牌是如何与非营利组织使命融为一体的。第八章为您提供了实践工具，让您能够建立一个强大的品牌，并为您的组织塑造品牌完整性、民主化与亲和力。本书是所有非营利管理者的重要资源。"

——塔尼娅·乔瓦基尼（Tanya Giovacchini），The Bridgespan Group
合作者、首席参与和营销主任

获取更多证明和信息请访问 www.nonprofitbrandidea.com。

序　言

2014 年 5 月，习近平总书记在河南视察时提出，要推动"中国制造向中国创造转变、中国速度向中国质量转变、中国产品向中国品牌转变"。习总书记"三个转变"的精辟论述将品牌建设提高到了新的战略高度，尤其是在国际经济环境不确定和当前中国经济发展多起叠加背景下，意义更是十分重大，为中国品牌建设指明了方向。

2016 年 6 月，国务院办公厅发布的《关于发挥品牌引领作用推动供需结构升级的意见》（国办发〔2016〕44 号）明确提出：按照党中央、国务院关于推进供给侧结构性改革的总体要求，积极探索有效路径和方法，更好发挥品牌引领作用，加快推动供给结构优化升级，适应引领需求结构优化升级，为经济发展提供持续动力。以发挥品牌引领作用为切入点，充分发挥市场决定性作用、企业主体作用、政府推动作用和社会参与作用，围绕优化政策法规环境、提高企业综合竞争力、营造良好社会氛围，大力实施品牌基础建设工程、供给结构升级工程、需求结构升级工程，增品种、提品质、创品牌，提高供给体系的质量和效率，满足居民消费升级需求，扩大国内消费需求，引导境外消费回流，推动供给总量、供给结构更好地适应需求总量、需求结构的发展变化。

2017 年 3 月，李克强总理在 2017 年政府工作报告中明确提出，广泛开展质量提升行动，加强全面质量管理，健全优胜劣汰质量竞争机制。质量之魂，存于匠心。要大力弘扬工匠精神，厚植工匠文化，恪尽职业操守，崇尚精益求精，培育众多"中国工匠"，打造更多享誉世界的"中国品牌"，推动中国经济发展进入质量时代。

改革开放以来，中国在品牌建设实践中积累了丰富的成功经验，也经历过沉痛的失败教训。

中国企业从 20 世纪 80 年代中期开始了品牌建设的实践。1984 年 11 月，双星集团（前身是青岛橡胶九厂）时任党委书记汪海举行了新闻发布会，这成为国有企业中第一个以企业的名义召开的新闻发布会，集团给到会记者每人发了一双高档旅游鞋和几十元红包，这在当时是前所未有的。此事件之后，"双星"品牌红遍全国。1985 年 12 月，海尔集团的前身——青岛冰箱总厂的张瑞敏"砸冰箱"事件，标志着中国企业开始自觉树立品牌的质量意识。从那时起，海尔坚持通过品牌建设实现了全球的本土化生产。据世界权威市场调查机构欧睿国际（Euromonitor）发布的 2014 年全球大型家用电器调查数据显示，海尔大型家用电器品牌零售量占全球市场的 10.2%，位居全球第一，这是海尔大型家电零售量第六次蝉联全球第一，占比更首次突破两位数。同时，海尔冰箱、洗衣机、冷柜、酒柜的全球品牌份额也分别继续蝉联全球第一。

　　改革开放以来，我们在品牌建设过程中也经历过沉痛的失败教训。早在 20 世纪 80 年代，在利益的驱动下，政府颁发奖项名目繁多，十年评出 6000 多个国家金奖、银奖和省优部优，这种无序的系列评选活动被国家强制叫停。国家层面的评奖没有了，社会上"卖金牌"的评审机构如雨后春笋，达到 2000 多个，这严重误导了消费，扰乱了市场秩序。21 世纪初国务院批准评选中国名牌和世界名牌，直到 2008 年"三鹿奶粉"恶性质量案件的披露，导致评选中国名牌和世界名牌的工作瞬间叫停。

　　正如中国品牌建设促进会理事长刘平均在 2017 年"两会"采访时所说，由于缺乏品牌的正能量引导，消费者变得无所适从，再加上假冒伪劣问题屡见报章，消费者逐渐对国产品牌失去信任，出现了热衷于消费海外产品的现象。打造和培育知名品牌，引领产业升级和供给侧改革，是当务之急。要尽快建立健全我国国内知名品牌和国际知名品牌的产生机制，把李克强总理所说的"打造享誉世界的中国品牌"落到实处。

　　2011 年，《国民经济和社会发展第十二个五年规划纲要》提出了"推动自主品牌建设，提升品牌价值和效应，加快发展拥有国际知名品牌和国际竞争力的大型企业"的要求，为贯彻落实这个规划精神，工信部、国资委、商务部、农业部、国家质检总局、工商总局等部门非常重视，分别从不同的角度发布了一系列有关品牌建设的指导意见。工信部等七部委于 2011 年 7 月联合发布了《关于加快我国工业企业品牌建设的指导意见》，为工业企业品牌建设引领了方向并提供了政策支撑。国家质检总局于 2011 年 8 月发布了《关于加强品牌建设的指导意见》，明确了加强品牌建设的指导思想和基本原则、重点领域、主要措施和组织实施。国务院国有资产监督管理委员会于 2011 年 9 月发布了《关于开展委管协会品牌建设工作的指导意见》，为委管协会品牌建设工作明确了方向。这一系列相关政策的发布，在政策层面上为中国品牌建设给予了保障，为全面加强中国品牌建设、实施品牌强国战略、加快培育一批拥有知识产权和质量竞争力的知名品牌明确了原则和方向。

进入 21 世纪后，尽管中国品牌工作推进缓慢，但中国企业在品牌建设上做了诸多尝试。以联想集团收购 IBM-PC 品牌、吉利汽车集团收购沃尔沃品牌为标志，开始了中国企业收购国外品牌的过程。这说明中国的经济实力在增强，中国的企业在壮大，也说明了中国的品牌实力在增强，实现了从无到有、从小到大的转变。

品牌是企业生存和发展的灵魂，品牌建设是一个企业长期积淀、文化积累和品质提升的过程，一个成功的品牌需要经历品牌建设和管理，品牌建设包括品牌定位、品牌规划、品牌形象、品牌扩张等。中国的品牌崛起之路也不会一蹴而就，需要经历一个培育、发展、成长、成熟的过程。

在世界品牌实验室（World Brand Lab）发布的 2016 年"世界品牌 500 强"排行榜中，美国占据 227 席，仍然是当之无愧的品牌强国，继续保持明显领先优势；英国、法国均以 41 个品牌入选，并列第二；日本、中国、德国、瑞士和意大利分别有 37 个、36 个、26 个、19 个和 17 个品牌入选，位列第三阵营。从表 1 中可以看出，美国在 2016 年"世界品牌 500 强"中占据了近 45.4%，中国只占7.2%，而中国制造业增加值在世界占比达到 20% 以上，由此可以看出，中国还是一个品牌弱国，中国在品牌建设与管理的道路上还有很长的路要走，有大量的工作要做。但是从 2013~2016 年的增长来看，中国品牌入选排行榜数量的增长趋势是最快的，从 25 个升至 36 个，而其他国家则基本微弱增长或减少。

表 1　2013~2016 年"世界品牌 500 强"入选数量最多的国家

排名	国家	入选数量（个）				代表性品牌	趋势
		2016 年	2015 年	2014 年	2013 年		
1	美国	227	228	227	232	谷歌、苹果、亚马逊、通用汽车、微软	降
2	英国	41	44	42	39	联合利华、汇丰、汤森路透、沃达丰	升
3	法国	41	42	44	47	路易威登、香奈儿、迪奥、雷诺、轩尼诗	降
4	日本	37	37	39	41	丰田、佳能、本田、索尼、松下、花王	降

续表

排名	国家	入选数量（个）				代表性品牌	趋势
		2016 年	2015 年	2014 年	2013 年		
5	中国	36	31	29	25	国家电网、工行、腾讯、中央电视台、海尔	升
6	德国	26	25	23	23	梅赛德斯-奔驰、宝马、思爱普、大众	升
7	瑞士	19	22	21	21	雀巢、劳力士、瑞信、阿第克	降
8	意大利	17	17	18	18	菲亚特、古琦、电通、法拉利、普拉达	降
9	荷兰	8	8	8	9	壳牌、飞利浦、喜力、TNT、毕马威	降
10	瑞典	7	7	7	7	宜家、H&M、诺贝尔奖、伊莱克斯	平

为了实现党中央、国务院关于推进供给侧结构性改革提出的总体要求，发挥品牌引领作用推动供需结构升级，着力解决制约品牌发展和供需结构升级的突出问题。必须加快政府职能转变，创新管理和服务方式。完善标准体系，提高计量能力、检验检测能力、认证认可服务能力、质量控制和技术评价能力，不断夯实质量技术基础。企业加大品牌建设投入，增强自主创新能力，追求卓越质量，不断丰富产品品种，提升产品品质，建立品牌管理体系，提高品牌培育能力。加强人才队伍建设，发挥企业家领军作用，培养引进品牌管理专业人才，造就一大批技艺精湛、技术高超的技能人才，切实提高企业综合竞争力。坚持正确舆论导向，关注自主品牌成长，讲好中国品牌故事。

中国品牌建设促进会确定了未来十年要打造 120 个农产品的国际知名品牌，500 个制造业的国际知名品牌，200 个服务业国际知名品牌的目标。加强品牌管理和品牌建设将成为推进供给侧结构性改革的总体要求下经济发展的重要举措。

为了推进中国品牌建设和品牌管理工作，借鉴发达国家的品牌管理理论研究和品牌管理实践，中国企业管理研究会品牌专业委员会组织国内专家学者翻译一系列品牌建设和品牌管理相关著作，愿本套丛书的出版能为中国的品牌建设和品牌管理提供有价值的思想、理念和方法。翻译是一项繁重的工作，在此对参与翻译的专家学者表示感谢，但囿于水平、能力，加之时间紧迫，如有不足之处，希望国内外专家学者批评指正。

丛书总主编　杨世伟

2017 年 3 月 15 日

英文版序言

本书汇集了世界非营利组织领域的各种讨论，其中包括非营利组织是否应该在品牌管理上花费宝贵的慈善资金？社会化媒体的发展是否意味着每个人都能够通过自己的方式来代表组织发声，抑或使品牌监管变得比以往更为重要？非营利组织战略与营利组织战略是否存在本质区别，抑或这种区别已经过时？本书对这三个问题的第一种假设均表示同意：非营利组织应当对其品牌进行投资，摒弃监管品牌这一想法，并在将非营利组织战略工具运用于组织实践前先对其暗含条件进行检验。无论你是否认同，你都将很快意识到在组织中有许多比名称、标志甚至沟通战略更紧要的内容。本书将深入探讨定义非营利组织的本质。

为了简化序言部分，我们将非营利组织品牌简单定义为人们对组织的印象：组织对其客户、协作者或支持者所做的承诺以及这些人对组织工作及相关体验的质量的预期。这些承诺和预期通过名称、标志、口号及组织、运动与个人——例如政界参选者所使用的其他沟通媒介相挂钩——来体现其与同僚的差异。这些品牌的外在表现如今在我们的居住地和世界上的各种沟通工具中随处可见。

传统上，非营利组织将它们的品牌——假如它们已经拥有了品牌——视为筹款或公关工具，来帮助组织吸引支持者和捐助者。然而，非营利组织的品牌绝不仅是吸引关注的诱饵。一个品牌有力地表达了组织的使命和价值观，并反映出其员工和协作者的承诺、骄傲与热情。这种力量让一些人骄傲地宣称："我为无国界医生（Doctors without Borders）工作"，成为大赦国际（Amnesty International）的成员，在桌上摆放塞拉俱乐部（Sierra Club）的日历或转发绿色和平组织（Greenpeace）的警示性推特。这种力量使非营利组织的品牌成了辨别其独特声音、信息和角色的关键工具。不仅如此，这种力量还能够帮助组织规划协作与合作关系，令它们更好地达成使命并提升影响力。正因此，非营利组织的品牌是一种对于组织的成功极为重要的战略资产。

非营利组织的品牌与商业公司的品牌扮演着不同的角色，它们的区别与两个领域间竞争和协作的平衡相关，也与价值主张的多样性有关——不同于单一的金钱标准，非营利组织必须与不同受众一同获益。

非营利领域中的品牌管理正在变得越发复杂，但这并不意味着它是十分昂贵的。相反，它要求组织愿意接受和采纳有关品牌发展与管理的新思维，并花费时间和资源在组织内部员工和外部合作者中开展有关品牌的讨论。品牌沟通不再与一种被组织控制的形象联系紧密，而与建立这样的对话更加相关：一个参与到组织识别与组织形象的发展和表达的过程。因此，一个组织品牌的责任不应仅仅在于其营销、沟通和发展部门；组织的管理团队和董事会应当承担大部分责任。定义与培养品牌的过程应当与每一位组织员工的职务相结合，而定义和培养组织品牌的工作应当吸纳支持者和捐助者，因为他们也是组织的宣传者与形象大使。

本书所描述的品牌 IDEA 框架将用来帮助非营利组织通过一种为其使命服务并坚持其价值观和文化的方式发展并管理它们的品牌。这一框架与先前所描述的参与性范式相适应，并有效利用如今飞速发展的技术和媒体环境所带来的机遇。"IDEA"一词建立在三大原则——完整性、民主化与亲和力之上，该框架不仅能够判断组织是否有效地管理了自己的品牌，也为组织的品牌管理工作提供了规范化模型。

这一框架能够帮助成熟组织辨别其品牌存在的潜在问题，也能帮助组织决定是否需要进行品牌重塑。它能被用来识别一个组织的核心战略。本书所提供的案例将展示这些组织是如何接纳并使用品牌 IDEA 框架的，以及组织在进行有效品牌管理时的运营方式和表现。

现有理论与当前的非营利组织管理趋势预示着，组织将更多地依赖流动团队和信息、资产网络来达成其使命，而责任将被共同承担。当这一情况变为现实时，非营利组织品牌 IDEA 将成为非营利组织管理者的必备工具。

克里斯托弗·斯通（**Christopher Stone**）

开放社会基金会（**Open Society Foundations**）**主席**

本书简介

本书是超过两年的研究与合作所产生的成果，其间得到了洛克菲勒基金会（Rockefeller Foundation）的支持，其目的是用以探讨品牌在非营利组织领域的角色。它同样是我们近十年有关非营利组织品牌建设与管理研究的总结。2002 年的一项埃德曼（Edelman）研究指出，非营利组织拥有着世界上绝大部分最具有信誉的品牌；受到这一研究的鼓励，我们开始尝试探讨这些强大的非营利品牌是如何建立和管理的，以及它们与私人领域中的那些同行者究竟有何差别。

在 2010 年，洛克菲勒基金会意识到非营利领域的品牌管理与非营利品牌的利益正处于转折点上。基金会同时发现非营利组织通常需要依赖于为私人领域设计的工具来管理自身品牌。针对品牌在非营利组织领域的角色的研究目的在于更好地了解非营利组织如何能更有效地利用并管理品牌，以实现社会影响力。

我们首先在 2012 年春季的《斯坦福社会创新评论》的《品牌在非营利组织领域的角色》（Kylander & Stone，2012）一文中公布了我们的研究成果。该文的中心框架正是后来在本书中进一步发展的品牌 IDEA，它正反映出品牌完整性（Integrity）、品牌民主化（DEmocracy）、品牌亲和力（Affinity）三个概念。我们的初始框架还将品牌伦理（Brand Ethics）也列为关键内容，但随着我们对品牌 IDEA 的理解进一步深入，品牌伦理被整合进了品牌完整性这一更广泛的概念中。

研究的第一阶段成果包含了 2011 年的数次深度访谈与一次召集了非营利组织代表与意见领袖的一整天会议的总结，这些内容为该文章提供了补充。

我们为该文受到的好评感到高兴和激动，并与许多发现品牌 IDEA 框架及其内涵有助于品牌管理工作的组织成员进行了交流。受到来自巴斯出版社（Jossey-Bass）的正面反馈和讨论的鼓励，我们在 2012 年夏天开展了第二阶段的访谈，意在更好地理解品牌 IDEA 如何在实战中发挥作用，并收集非营利组织利用品牌 IDEA 来有效管理品牌并最大化影响力的具体案例。我们的目标是明确品牌 IDEA 框架如何既能运用于拥有成功品牌的组织，又能对存在品牌管理问题的组织产生作用。我们还希望评估品牌 IDEA 对于不同组织结构、规模和不同发展阶段的非营利组织的有效程度。

在研究中，我们采访了许多不同类型的组织：它们有大有小、有新创的有成熟的，遍布于美国内外的各个领域。总体来看，我们在两个阶段中采访了超过 100 位来自非营利组织的个人以及大量学者与咨询顾问。本书在很大程度上是他们在品牌最大化非营利组织影响力这一问题上的经验、观点、思维和建议的集中反映。在本书的最后，您可以找到一份个人与组织的名单，他们的观点与经验都被收录在了本书的内容中。

我们对研究的成果感到十分激动，它指出品牌可以成为非营利组织的重要资产。我们正在目睹一场范式转换：许多非营利组织正在改变看待品牌的方式，这反映在品牌 IDEA 框架的原则中。在一些采访中，我们发现品牌 IDEA 框架与那些积极的非营利品牌工作产生了极大的共鸣。事实上，许多人向我们指出《斯坦福社会创新评论》上的文章对其组织的品牌重塑计划十分关键，因为它描述了一种人们能够理解并采纳的非营利组织品牌管理。在网上的第一篇对该文的反馈中写道，"对于有这样一个对非营利品牌化的关注和理解的框架，我感到十分高兴"。我们希望品牌 IDEA 框架及其内涵能够鼓励更多组织用一种新眼光来看待品牌，并为它们的品牌管理工作提供支持。

目标与目的

我们撰写本书的目标有三个：

一是指出一种思考非营利领域品牌的新方式，我们称为非营利范式转换。

二是促进人们清楚地认识到品牌能够为非营利组织带来什么及其有什么重要性，我们将其列在品牌周期角色之中。

三是提供一个能够帮助非营利组织管理者利用品牌 IDEA 有效管理其品牌的框架和工具。

我们相信非营利组织中的每个人，不论其能力如何，都在品牌管理中扮演着一定的角色。我们希望本书能为非营利组织管理者、董事会成员、捐助者、基金会、咨询顾问、学者和学生提供鼓励，并提供一种新的方式来思考品牌在未来使命达成和推动社会变革中所担负的关键角色。我们提出的品牌 IDEA 框架既可以被用作一种诊断工具，用来评估一个组织的品牌管理是否成功，也可以作为强化品牌管理行为的标准化工具。我们希望本书中的不同组织案例能够为您提供观点和动力，让您更有效地拥抱和构建您的非营利品牌。

我们还意识到在非营利领域的品牌讨论中依然存在一些质疑。事实上，有些人对"品牌"一词有一种本能的反应。一些受访者将其称为"那个以 B 开头的词汇"。有时，在非营利领域中工作的人拒绝考虑品牌，因为他们将其视为营利领域中存在的一个不相关的概念。我们认为，这在很大程度上源于将品牌视为筹款和公关工具的观念。这样的质疑可以理解，但它将束缚这些组织有效达成自身使命的能力。同时，许多品牌支持者与爱好者（通常拥有营利领域的背景）开始积极地管理非营利品牌。然而，他们或许会使用源于营利领域的模型和方式，而这些经常并不适用。因此，我们的目标是通过提倡一种新的品牌管理思维并提供品牌 IDEA 框架，来在品牌支持者与质疑者之间建立沟通。我们利用概念和术语来吸引所有利益相关者的参与，而这些内容适用于非营利组织，为其量身定做。

本书还满足了非营利组织对辅助其品牌管理的指导和工具的需求，并通过一种让非营利组织工作者感到熟悉的方式来展开讨论：使命、价值观、参与和合作。尽管这些概念并不一定容易实现，它们也并不复杂。本书既可供那些拥有营销和品牌化背景的人使用，也对那些在这一领域缺乏经验和知识的人有帮助。那些希望能理解非营利品牌管理概念的董事会成员将获得一种全新的和（我们希望）更有帮助的思考品牌的方式。各层次的非营利组织管理者都能理解他们包含任何价值的工作最终将如何为品牌提供帮助和支持。非营利组织领导者与咨询顾问将拥有一项诊断品牌管理和指导品牌重塑过程的工具。最后，学者与学生将从一系列学术资源中获得相关的背景知识，以拓展对非营利组织品牌的理解。书中的大量引用和案例为所有读者展现了品牌 IDEA 和品牌管理理论与生活的联系。

非营利组织及其品牌正在变得越发重要并达到新的水平。非营利组织需要从公众那里获得大量的信任，它们的品牌价值与主要的营利性公司旗鼓相当。根据 2012 年埃德曼信任变化报告显示，非营利组织在过去的 50 年是全球最受信赖的机构。正如非营利组织咨询机构主根基金会（Taproot Foundation）的创始人兼 CEO 阿伦·赫斯特（Aaron Hurst）所言："在我建立主根的十年间，这一领域经历了极大的发展。在 2002 年，一个非营利组织领导者很难意识到品牌的价值；但如今这已成为主根基金会最关注的问题。"我们的工作意在帮助所有大大小小的非营利组织建立强大的品牌，并进而增加信任和组织凝聚力、能力和影响力。

内容总结

本书分为三部分。第一部分，"内容、概念和建构基石"，阐述内容、概念与定义以及品牌的组成部分，为品牌 IDEA 框架打下基础。第一章对塑造当今非营利领域的大环境与范式转换进行了概述，我们相信这些正在改变非营利组织认知和管理品牌的方式；这一章还讨论了两种非营利组织环境改变的趋势：社会化媒体的崛起与网络化，以及合作与协作行为的增加。我们还将综述品牌 IDEA 框架，并讨论这一框架与大量非营利领域中激动人心的新观念和理论有何一致性。对于那些并不了解品牌管理这一概念的读者来说，第二章包含了品牌与品牌管理的定义以及有关非营利品牌管理与私人领域有何差异的讨论；一些与品牌资产及其驱动力相关的背景知识也包含在第二章中。第三章回顾了品牌的组成部分、差异化与定位的原则，以及变革理论的概念；这一章还包含内部品牌化的讨论，我们认为这在非营利品牌管理中扮演着重要的角色。我们的研究指出一系列针对非营利领域品牌及品牌化的质疑的来源，并在第四章中对其进行了回应。第四章还回顾了在第一章中描述的品牌范式转换，并通过品牌周期角色阐释了品牌管理为非营利组织带来的益处。品牌周期角色展现出一个强大的品牌在建立信任和组织凝聚力以及提升组织能力与影响力方面带来的积极成果。

第二部分，接受品牌 IDEA。这一部分细致地定义了品牌 IDEA 的每个原则。第五章、第六章、第七章分别描述了品牌完整性、品牌民主化与品牌亲和力。在每一章中，我们深入概念并运用研究中的案例与经历来让这些原则贴近生活。在这些章节中，我们提供了许多非营利组织采纳品牌 IDEA 方法的具体案例，或"与品牌 IDEA 共呼吸"。我们还指出了每个领域中潜在的挑战。

第三部分，让品牌 IDEA 付诸实践，为品牌 IDEA 框架的实践提供了实战建议。第八章对如何通过品牌民主化实现品牌完整性及如何创造品牌亲和力以提升影响力提供了建议，包括特殊的推荐、指导及工具。这一章还推荐了一种通过关注组织凝聚力和信任来衡量影响力及对品牌 IDEA 的投资带来的回报的方式。第九章探讨了特定情境、不同组织结构、不同组织生命周期中的品牌管理。最后，一个简短的总结阐释了一个完全接纳品牌 IDEA 框架的组织所表现出的特点，并总结了个人能够在支持他们所关注的品牌工作中扮演的角色和实施的行为。

如何使用这本书

对于那些想要了解有关品牌的背景知识和内容、营利与非营利品牌管理有何不同、品牌在非营利组织中的角色及品牌 IDEA 综述的人而言，第一部分将会有所帮助。如果您想深入理解品牌完整性、品牌民主化与品牌亲和力，并希望通过严谨的案例来了解这些概念的细节，您可以从第一部分开始阅读并很快转入第二部分。最后，如果您想要将品牌 IDEA 框架作为一种诊断或标准化的工具进行运用，您或许可以更加关注第三部分，在那里您将获得实现框架各部分的细节指导。

目　录

第一部分　内容、概念和建构基石

第三部分　让品牌 IDEA 付诸实践

图、表、样表目录

PART **1** 第一部分

内容、概念和建构基石

第一章 什么驱动了范式转换与品牌 IDEA 框架

我们相信，对于非营利组织来说，当今趋势正在使品牌管理变得越发重 要，而且品牌管理必须被看作新范式的一部分。本章将描述我们研究的背景与情境，包括我们相信正在影响非营利组织的力量。我们也将讨论在最近的研究阶段中发现的范式转换——品牌如何被认知和管理。这一章还包含了对品牌 IDEA 框架的介绍，以及对于该框架如何与时代精神中的管理思想保持一致。

背景和语境

非营利组织领导者与管理者的世界在过去的十年中经历了显著的改变。非营利组织的数量急剧攀升［根据城市研究所（Urban Institute）的统计，在 2001~2011 年，仅美国的非营利组织的基金规模就增加了 25%——从 12597.64 亿美元上升至 15746.74 亿美元］，竞争明显加剧。国际经济因素削弱了投资 能力，同时环境、社会、经济和人力需求则增加了。非营利组织新的形式，如社会企业出现了，新的技术和沟通能力革新了非营利组织与大众的互动方式。传统领域间的边界变得愈加模糊，一些人相信第四产业（混合动力型）正在形成（Sabeti，2011）。无论产业内抑或产业间，所有形式的合作与联盟都在激增，并且为非营利组织创造出新的选择与挑战。我们正在目睹越来越多的网络化同伴与联盟聚集着来自不同领域的多个自治组织，以此解决复杂的社会问题。

我们相信两大趋势与当今的非营利品牌有特别的联系：通信技术的变革（包括社会化媒体与网络的兴起）和合作与协作行为的增加。图 1-1 显示了这两个关键趋势对非营利组织的影响，以及它们如何与品牌 IDEA 框架相关联。我们将进行一个简单的讨论，有关这两股力量以及它们如何在非营利领域中影响品牌管理。

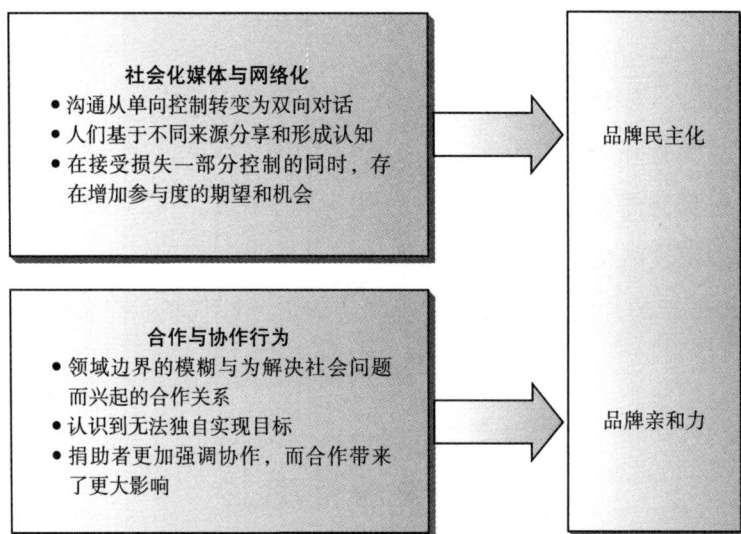

社会化媒体与网络化
- 沟通从单向控制转变为双向对话
- 人们基于不同来源分享和形成认知
- 在接受损失一部分控制的同时，存在增加参与度的期望和机会

品牌民主化

合作与协作行为
- 领域边界的模糊与为解决社会问题而兴起的合作关系
- 认识到无法独自实现目标
- 捐助者更加强调协作，而合作带来了更大影响

品牌亲和力

图 1-1　影响非营利品牌的关键趋势

5　　**社会化媒体与网络化**

社会化媒体与社会网站、博客以及其他形式的虚拟社区极大地改变了非营利组织与其利益相关者和品牌受众的互动方式。社会化媒体拥有迅速并低成本地接近大量人群的潜能，同时却几乎不可能被控制。如哈佛大学豪泽（Hauser）公民社会研究所领域经理 Sherine Jayawickrama（2011）在其有关非政府组织与社会化媒体的报告中指出，"社会化媒体是一个协作空间，在这里观点是开源的，而大众的智慧受到重视。它提供了双向对话的平台，而这只有在组织接受反馈、认真倾听并迅速回应时才能发挥最大效益"（p.1）。她描

述了"国际非政府组织（INGO）传统的沟通的公共关系文化已经发生变化——工作内容快速更新、审批程序简化、各种评论和问题参与其中——从传统的广播模式转化为对话模式"（p.1）。她总结说，"有效的社会网络要求自治型非营利组织做出调整，不要试图控制这种对话"（p.1）。

本质上说，社会化媒体将沟通从单向的信息控制转变为一系列对话，其中一部分甚至并不在组织中（比如在支持者之间）。社会化媒体与网络化同样改变了对契约和参与的预期：参与者主动分享他们的思想、图像、故事和建议。人们正在基于他们所经历、所见、所闻、所读的内容来塑造组织的形象与认知。类似地，其他潜在的伙伴组织基于所有可用信息，考虑它们是否进行相互合作。而这些信息的一部分来自于组织之外。

Dixon 和 Keyes（2013）指出，社会化媒体"改变了人们影响他人的方式，并扩大了非营利组织倡导采取有意义的行动的范围"（p.29）。他们补充道，"如今持续沟通是一项预期"。尽管社会化媒体带来的改变和这些改变引发的需求似乎过于剧烈，我们认为社会化媒体同样为非营利组织提供了卓越的机会，并且没有设置许多阻碍。投资者能够被容纳并鼓励参与各种行动，而不局限于捐赠资金。内外部的"大使"专注于广泛沟通并为组织吸引资金。对组织控制的削弱是需要引起注意的，但 Dixon 与 Keyes 相信成本—利润比率依然是积极的，尤其出于"失去部分控制伴随着真实性与透明度的提升"（p.29）这一缘故。我们相信非营利组织应当接受社会化媒体改变了人们接触并谈论它们的方式这一现实。对品牌进行严格的控制与监管不再有效也不太可能。控制的削弱和预期的改变是品牌民主化的核心，也是新的品牌管理方式的驱动力之一。

合作与协作

在过去的十年里，所有组织间的合作关系飞速增长，三大传统领域（非营利、营利与政府）的分类和界线变得模糊，两者互为因果。Yankey 和 Willen（2010）相信这样的增长受到了两大主因的驱动：一是逐渐认识到非营利组织无法单独达成社会使命；二是经济形势以及投资和投资要求的转变。

机构基金对运营效用和协作方式的要求明显加强，且需要证明。

Austin（2000）将跨领域合作关系定义为一个连续体，一端为捐赠关系（对非营利组织的捐赠），中间是一个交互阶段（聚焦特定活动）以及最终形成合资企业的整合阶段。Pohle 和 Hittner（2008）进一步完善了这一框架，融合了多公司与组织间的协作。这些作者将协作或网络化带来的问题描述为麦塔问题（Meta-problem），它们相当复杂并且要求所有协作者的长期行动。事实上，非营利组织环境正是以多股东的合作与复杂协作逐渐增长的聚合为特点（非营利组织间、商业公司间、政府部门以及多样化的机构间），目的在于共同影响大范围的社会问题。由于来自不同领域的行为主体以及它们追求的目标之间的界线日益模糊，非营利组织必须适应这一变化的环境以及商业与政府（在较小程度上）增加的角色。非营利组织在塑造这些行为主体影响社会变革的方式中扮演着极其重要和关键性的角色（Bulloch，2009）。营利性实体正在逐步进入昔日的传统非营利领域，而非营利组织必须决定如何应对。

7 它们可以抵制这一"入侵"，或者主动接触这些营利主体，构建合作机制并共同获利。这样的合作与协作规则是形成品牌管理新方式的另一个因素。它为"品牌亲和力"这一概念提供了基础，非营利组织使用这一概念经营它们的品牌，在为组织自身利益的同时也造成共同的社会影响。

范式转换与品牌管理观念

如在有关社会化媒体的变革与合作的部分中已经阐释过的，我们的研究与讨论揭示了在非营利领域已经开始发生的范式转换。这一转换包含一项关于品牌角色认知的变化，完全不同于筹款以及公共关系工具，以致力于达成使命的关键战略资产。新的范式将品牌视作组织的使命与价值，而非标志或标语。许多受访者都描述了这一扩展了的品牌定义。例如，罗伯特·伍德·约翰逊基金会（Robert Wood Johnson Foundation）创意服务经理琼·巴洛（Joan Barlow）认识到"品牌不仅是颜色、设计和一个标志"。她将对品牌的新理解描述成"我们在工作中感到的荣耀、承诺与热情的文化及其价值"。

新范式将品牌目标定位于服务使命及社会形象,而非筹款。作为关键战略资产,对品牌的责任与整个管理团队和董事会同在,而不仅存在于市场、沟通和发展部门中。尽管我们即将在后面说明,品牌管理是每一个人的职责。

在新的品牌范式中,品牌与获得竞争优势间的关系被淡化,而与明确定位的关系更为密切,这将有助于决定协作与合作、允许组织实现目标并最大化其影响。品牌沟通不再是单向的控制形象,而变成建立对话,以及在品牌的发展和沟通中积极参与和实际接触的过程。曾经的品牌受众被视为捐助者(个人及机构),而在新范式中,品牌必须清楚全部的,包括内部和外部受众的范围,这些受众已经准备好并愿意作为品牌大使,通过不同方式支持组织。我们认为这一转换是激动人心的,并相信它将真正促进非营利组织更有效和高效地达成使命。

8

有些人告诉我们:"我们是一个资源有限的小组织,没有时间和资金来做品牌。"其他人说:"我认为更有效地管理我们的品牌是个好主意,但我甚至不知道该从哪里开始。"我们对于这样问题的回应是,品牌管理并不需要大笔投资或特定的专业技能。它要求的是接受新的品牌管理理念的意愿,并针对广泛讨论的品牌进行内部的时间、努力和精力分配。如 Childline India 的执行理事英格里德·斯里纳特(Ingrid Srinath)所言,"你拥有一个品牌,无论你是否喜欢它。事实上,你唯一的选择是如何积极地塑造并管理品牌"。对于想要积极塑造并管理品牌的组织来说,接受新的非营利品牌范式是第一步。表 1-1 总结了这一范式转换中的关键因素。

表 1-1 非营利组织品牌的范式转换

品牌要素	旧范式	新范式
定义	标志	植入使命和价值观的战略资产
目标	筹款与公共关系	影响力
定位	竞争优势	独特性与有效合作
沟通	特定形象的单向输出	广泛的参与性
受众	捐助者	内、外部利益相关者
组织基础	市场与沟通	管理团队、董事会和所有的品牌大使
要求	资金和专项知识	品牌管理理念

我们相信，组织需要对伴随着社会化媒体兴起和日益增长的合作而产生的机遇进行衡量。我们现在要讨论的是品牌 IDEA 框架，旨在帮助组织衡量这些近期趋势并整合新范式中的元素。此框架能够让组织通过认识战略特点和品牌的使命影响、鼓励与内外部投资者的参与性接触以及阐释品牌在推动合作中的角色等方式来管理品牌。

介绍品牌 IDEA

品牌 IDEA 包含三项原则：品牌完整性、品牌民主化与品牌亲和力。表 1-2 总结了这三项原则的概述及它们产生的结果。如我们将要在第五章中看到的那样，品牌完整性将使命和价值定位于品牌的核心，并成为品牌一致性的结果。这个一致性包含两个方面：一方面是使命、价值和品牌识别；另一方面则是品牌识别与形象。明确地说，完整性一词被用于描述结构完整或结合，而不仅是道德完整。当组织的价值与使命持续与其品牌识别保持一致，而这一识别持续与外部形象保持一致时，非营利品牌将会在内部与外部的投资者心中获得一个明确、独特、持续及可信的地位。在内部，结构高度完整的品牌将组织的使命与组织的形象统一起来，使董事会成员、员工、志愿者及其他内部利益相关者达成共识：我们的组织是谁、做什么以及它为什么存在。在外部，结构高度完整的品牌将品牌识别与品牌形象牢固地结合在一起，使得内外对于品牌的认知不产生偏差。当品牌形象真正反映品牌识别，而品牌识别反映使命时，品牌就是真实的、持久的，并能够牢固地定位自身，以创造组织凝聚力和利益相关者们的信任。

表 1-2　品牌 IDEA 框架的原则

原则	描述	成果
品牌完整性	• 品牌识别与使命、战略、价值观的结构性统一 • 内部品牌识别与外部品牌形象的结构性统一	• 建立组织凝聚力与信任
品牌民主化	• 内、外部利益相关者定义与传播品牌的参与过程	• 创建品牌大使并减少对需求的控制
品牌亲和力	• 在合作与协作支持下衡量品牌的途径 • 利用品牌与品牌资产共享社会目标	• 推动使命达成及提升社会影响

拥有清晰的品牌识别为组织带来了简明地阐述它是谁、代表什么和它为何重要的能力。这有关于了解你的组织如何与为何能产生影响，以及它与其他组织如何不同，并让这些知识引导你的决定和行为。"那不正是我的使命吗？"我们这样被问到。从某个角度来看正是如此。组织的使命和价值都应被植入品牌识别中。然而，我们相信，如何发展并传播品牌识别及如何管理品牌以最大化使命影响在品牌 IDEA 框架中也同样重要。

品牌形象包含外部利益相关者在联想到组织时的感觉和认知。你是谁（识别）与人们如何认识你（形象）的结合创造了强大而可信的品牌，也正是品牌完整性原则的核心所在。

品牌完整性的一部分还与确保品牌本身与品牌使用表现和反映出组织的核心价值有关。正如品牌完整性融入了组织使命一样，它也将品牌识别、品牌形象与组织的核心价值和文化结合在一起。不仅是品牌的建立扎根于伦理和价值之中，内在和外在的品牌使用也基于同样的伦理和价值。

这样的结合并不依赖于大额预算和精美的广告。实现品牌完整性的能力蕴含在品牌民主化之中。品牌民主化是一个接触组织和跨越组织边界的过程，并将让所有的利益相关者成为品牌大使。我们可以将品牌完整性看作一种期望状态或目标；我们现在将要讨论的品牌民主化，从某个角度来说，是建立品牌完整性的方式或过程。

如我们将在第六章中讨论的细节那样，品牌民主化是吸引内外部参与者的过程。它意味着非营利组织信赖其成员、员工、参与者和志愿者，让他们参与到发展组织的品牌识别与识别的传播中。品牌民主化并非指代所有人为品牌"投票"，而意味着利益相关者的全程参与。内部和外部的利益相关者被卷入定义、完善、表达和沟通组织品牌识别的过程中。通过这一过程，所有人都建立了对组织核心身份的认识，并能够成为有效的品牌推广者和大使。所有员工和志愿者都自觉自愿地主动传播品牌。结果是，为如何表达和描述品牌以确保严格的持续性进行控制的需求大大降低了。诺亚·曼杜克（Noah Manduke）是品牌咨询机构 Durable Good 前总裁，他和集团首席战略官杰夫·斯科尔在阐述品牌民主化的实质时说，组织需要"一个精心设计的过程来引导人们从认知（我知道）转为理解（我了解原因）再到接受（我知道怎么做）直至内化品牌（我相信）"。

伴随着社会化媒体的兴起，品牌控制变得越发困难甚至不再可能。我们相信品牌民主化的概念已超越了传统的组织边界，变得越发容易被跨越，纳入了包括赞助人、捐助者、志愿者、合作方、支持者或任何在博客或推特上谈论企业的社会公众。品牌民主化并非意味着品牌的无序，而是给出了一条新的品牌管理路径，以推动所有利益相关者参与到品牌的定义与沟通中。当品牌完整性思想指导品牌民主化的过程时，组织的使命和价值将会定义品牌民主化的内容，并为促进其达成提供支持和动力。品牌民主化的过程有意识地纳入了利益相关者，以创造组织凝聚力、内在理解的持续性与强化品牌识别。品牌民主化充分利用社会化媒体创造的机会来吸引外部公众，让组织更有效地达成使命并提升社会影响。

12　　品牌亲和力是一项管理品牌的方式，聚焦于共享的社会影响而非个体组织的目标之上。许多非营利组织正在逐渐认识到它们的雄心勃勃的、全方位的、长期的社会目标是难以独立实现的，所以必须拥有合作伙伴。拥有品牌亲和力的组织利用它们的品牌来获得超越个体组织的力量，以支持广泛的社会目标。亲和力高的品牌与其他组织及品牌相处愉快，慷慨地分享空间与声誉，推动集体而非个体利益，强调组织的公共目标和导向而非组织本身。

品牌亲和力是一项多元组织用以解决复杂问题的品牌管理途径。它对于联合及提升品牌尤其重要，因为独特的品牌识别与形象能够成为一种共识。品牌亲和力利用了合作的力量，让品牌合作达成使命并最大化社会影响。

在时代精神中

在我们对于范式转换和品牌 IDEA 框架的描述中，许多主题也出现在有关非营利组织管理理论的讨论中。这些主题（无边界组织、组织透明、分权、使命导向、集体行动、协作、信任）产生于不同的来源和情境，然而它们与品牌 IDEA 指出了相同种类的组织转换。本章将讨论一系列新兴的社会变革观点与管理理论，并将它们与品牌 IDEA 框架的特定方面联系在一起。这并不是一次彻底的回顾，然而它将阐释品牌 IDEA 框架如何与更广泛的有关社会与管理变革的情境相符合。

组织渗透性

我们可以将组织渗透性定义为资源、人力、信息、活动及技能跨越传统组织边界的程度。无边界组织的概念并不新颖，它指出移除组织内部和组织间的边界以及关键的外部要素将会带来高度的灵活性与效率（Hirschhorn and Gilmore，1992）。渗透型组织由具有相同目标和共同利益，但不被等级或经济关系彼此束缚的人或集体构成。这些新组织的成员具有流动性，参与者加入然后退出，而他们的角色、活动与利益随着时间而改变。

这种新型组织被描述为开放式或者渗透型网络，其中的利益区域、组织间以及外部环境中的边界都具有高度的可渗透性（Bartone and Wells，2009）。Martin（2012）认为我们将逐渐看到组织的战略选择扩散到网络化的利益相关者、参与者、合作者、供应方甚至竞争者中。组织边界渗透性的增长部分来源于日益增长的开源和灵活的工作分配。

意识到组织边界的渗透性让人如释重负。它能帮助组织了解到关键资源与合作可能存在于组织之外，而这些资源可以被衡量和转移以达成外部的特定社会目标。品牌民主化与品牌亲和力的概念直接立足于组织渗透性的观念。关注共同利益，与组织外更为民主和可协商的利益相关者建立关系，以及在分享品牌资产、素材与信息方面更加开放，均建立在组织渗透性这一概念上。

开放式创新

在最近一次有关如何使社会变革模型全球化的会议上，开放式创新社区被视为一种加速社会影响的途径（Clay and Paul，2012）。Clay 和 Paul 认为"开放式创新社区的特点在于沟通、分权化的决策和广泛参与的行动"（p.17）。利用开源的方式来衡量社会变革意味着将组织外的利益相关者（如受益人）

纳入决策与问题解决过程中，并联系组织内外的人群。"传统的受益人凭借自身能力成为改革者，革新、重复并塑造既定产品或服务"（p.17）。这与通向品牌民主化的途径类似，将组织内外部的利益相关者纳入品牌的发展与沟通中。Clay 和 Paul 还从构建生态系统的视角建议，从自己的企业中创造让他人使用的开源工具。"你将不再只考虑自身组织的个体利益，而是自然地开始提供工具和服务，准许其他行为主体和组织分享你的愿景和承诺。"这与品牌亲和力的定义类似，品牌资产都被用于推动合作与协作关系并进一步分享社会目标。

集体影响

Kania 和 Kramer（2011）阐述了集体影响理论（Theory of Collective Impact），描绘出一种与品牌亲和力的概念相仿的方式。他们认为，采取集体的渠道而放弃个体的工作事项将带来更大的影响力。"大规模的社会变革来自更好的跨领域协调而非独立组织各自的影响"（p.36）。他们说，"集体影响正在解决像教育这样的议题，它们需要许多不同的人通过改变行为方式来解决复杂的问题"（p.38）。创造变化的行动是该理论的一个重要方面。"不像大部分的协作，集体影响的素材包括集中的基础设施、专注的员工、指导日常工作的结构化过程、共享的测量法、持续的沟通和参与者相互促进的活动（p.38）。"在一篇后续的文章中（Hanleybrown，Kania，and Kramer，2012），他们聚焦于"成功的变革努力中的软性方面，如不同利益相关者之间的关系与信任的建立"。像我们可能看到的那样，品牌在信任的建立中扮演着重要的角色，而品牌亲和力支持使用品牌以推动集体目标、取代个体目标这一点。

在由 Eric Lee 和 Michele Jolin（2012）主持的一次有关集体影响的圆桌会议上，Hecht 将组织的自我反思与集体影响联系在一起。"大部分组织严重忽略了自我反思"，他总结道，"集体影响兴起的原因之一正是更多的人在反思（p.28）。"我们相信，通过品牌民主化方式来建立品牌完整性既是一条让组织能真正反思自己的目标并期望影响此生态系统中其他行为体的途径，也是塑造品牌亲和力和集体影响的前提条件。

企业社会责任与共享价值

企业社会责任这一概念诞生于 20 世纪 70 年代，目前已经广泛被私营部门，尤其是大型跨国公司和新兴企业所接受。它一般被认为有助于营利组织的长期成就，并被解释成"行善者诸事顺"（Doing Well by Doing Good）这样的观点。Sprinkle 和 Maines（2010）将企业社会责任阐释为"关注利益相关集体而非投资者的福祉的企业行为"（p.446）。在许多这样的尝试中，企业与非营利组织合作来达成企业社会责任目标（Peloza and Falkenberg，2009）。IBM近期一次有关 250 家大型企业的研究发现，企业倾向于将企业社会责任描述为慈善事业，许多公司同样将其视为一个创造机遇和成长的平台（Pohle and Hittner，2008）。Pohle 与 Hittner 认为企业正越发：①将企业社会责任看作一笔投资而非消费；②用透明性而非可见性讨论企业社会责任；③将它们之间的关系（尤其是与非营利组织）从拥有转变为共有。我们相信企业社会责任的变革整体上对于非营利组织来说是积极的，并且为更有效的跨领域合作搭建了平台。

Porter 和 Kramer（2011）发展并阐释了共享价值的观念，"它与创造经济价值相关，同时通过应对社会需求和挑战为社会创造价值"（p.65）。他们相信营利组织和商业组织必须重新将社会进步与企业成功联系在一起，"共享价值不是一种社会责任、慈善行为，甚至代表可持续性，而是一条达到经济上成功的途径"（p.65）。这些作者补充说，共享价值"不处于公司行为的边缘，而应当放在核心位置"，并相信共享价值"能够在更深入了解社会需求、更好地理解公司生产力基础和拥有在营利、非营利组织间协作的能力的基础上，促成下一次商业思维的大变革"（p.65）。共享价值这一观念被广泛采纳，它将持续推动非营利组织和私营部门间的合作，并有力地支撑品牌亲和力这一途径。

领导力

品牌 IDEA 框架中的许多概念都与目前有关个人领导力的观点相似。在主题为集体影响的圆桌会议上（Nee and Jolin，2012），施密茨讨论了非营利组织领导者的角色："我们将非营利组织的领导者训练成优秀的筹款人……（集体影响）表现为融洽社区和保持弱势，而与你或组织的自我成长并无联系。实际上，这与人们传统上要求回报的活动相悖。我们需要将领导者培养得更

16　具有协作性、更包容，并且更具有完整性。这是一系列完全不同的培训"（p.29）。施密茨在其著作《每个人都会领导》（*Everyone Leads*）（Schmitz，2011）中阐释了一项积极地接触他人的领导程序。这种协作型的领导力聚焦在共享价值与共同目标上，同时回应了品牌民主化与品牌完整性的关键内容。

领导力与组织改革的专家斯蒂芬·帕克说，"激励他人的能力更多地来源于你是谁而非你说或做了什么。明确你的核心信念和价值是十分重要的。了解并接纳自身是让你的能力变得真实的核心所在，而分享价值与信念的能力将引发共鸣并与你的下属建立坚固的信任关系"。类似地，我们相信明确了解自己是谁，以及品牌识别扎根于其价值和使命之上的组织能够实现品牌完整性，能够创造强大的品牌资产、建立信任，并通过品牌亲和力施展领导力，影响改变的发生。

共识性筹款

詹妮弗·麦克雷（Jennifer McCrea）的共识性筹款方式同样与品牌 IDEA 的概念相适应。麦克雷是哈佛大学豪泽公民社会研究所（Hauser Institute for Civil Society）的高级研究员，相比传统筹款来说，她更偏向讨论建立关系。她还成立了工作坊，学习如何识别能够分享协作视角的合作者，以及如何为共识结果深化核心关系。

通常，筹款被明确认定为募集资金的方式。它具有交易的性质并基于一个围绕买家（捐助者）和卖家（组织）的消费模型。因此，这样的关系以资金为中心，具有不对称性，基于在预期、需求与外部环境而不是相互的责任、协作和内在成长。买家/卖家动态让慈善家因为缺少真诚的合作而感到拘束和沮丧，并让组织产生过分依赖感并被捐助方的干涉所困扰。

17　共识性筹款重新定义了筹资。筹资不仅是关键任务，还是从根本上改变组织和涉及人群的工具。

我们将合作关系设计得从一开始便具有联合创造性和生产力——而战略建立在成长和持续的资源流上，战略被设计出来打破而不是建立壁垒（2013）。

筹款已经逐渐变得以合作关系为中心，基于使命围绕一个动因并采取公开、协作的途径。筹款变成了组织中每一个人的工作，聚焦在建立关系与真诚之上。这与我们通过品牌民主化在组织中，甚至组织外培养品牌大使的理念不谋而合。

麦克雷还指出，"人们不是鹦鹉。对着已经商定的组织路线喋喋不休并不能推动议程或他人的前进"。她倡导，"让你的合作伙伴发现该说什么，基于他们自身的经验和他们成为合作事业一部分的理由。当这些内容来源于自身时，它们不仅是真实的，更是牢固的。不要害怕失去一部分控制"。她主张，"这是你唯一的成长途径"（2012）。对协作的关注与信任，以及放松对品牌的控制与品牌民主化十分类似。麦克雷在她的博客上阐述了共享价值如何促进行动，并指出协作将引发指数增长。"相比独自行动而言，来源于合作、社会和互相依赖的力量将会更大、更持久"（2010）。这一观点与品牌亲和力也是一致的。

非营利组织网络

非营利组织发展网络的重要性已经被大量提及，网络可被视为实现品牌亲和力的途径之一。Wei-Skillern 和 Marciano（2008）指出非营利组织网络对于达到更大的使命影响来说十分关键。"非营利组织的领导者应当将对使命的追求——而非组织的成长——重置于组织所有活动的中心。他们要分辨出组织独有的竞争力，并积极地寻求与其他组织的合作，以帮助自己更高效地与有效地实现目标。他们应当把互补性和竞争性的组织均视作潜在的合作伙伴"（p.43）。品牌亲和力包括利用品牌来选择并支持合作，同样与这一观点保持一致。

Wei-Skillern 和 Marciano（2008）也强调了共享价值的重要性，指出这将帮助建立信任、减少严格控制的必要性。他们还描述了超越组织边界的合作关系。"网络化的非营利组织与可信赖的伙伴打造长期合作关系，以实现不同

18

领域的目标。不同于传统上将自身组织视为中心、合作伙伴视为轴的非营利组织领导者，网络化组织的领导者将他们的组织看作网络中围绕共同使命与价值的节点"（p.40）。

Kanter（2012）认为，开放程度更高、更愿意合作的非营利组织也更高效。这一观点与品牌民主化保持一致，该观点建议非营利组织应更全面地吸纳利益相关者。Kanter 指出，"网络化思维通过合作、开放、分权决策与集体行动来塑造领导力。它意味着在接受组织所在的网络的条件下行动，倾听、培养这些网络以造成影响；保持缄默鼓励分享，通过网络模式而不是广播来沟通——寻找对话发生在哪里"。

Kanter 重点关注组织能够在不同阶段结合社会化媒体做些什么。"（这一框架）爬行、走动、奔跑、飞翔……它被设计出来帮助（非营利组织）在接触它时理解并测量变化过程的特点。"在组织间整合这一合作性协议与在品牌民主化中倾听和吸纳组织内外部人群的行为颇为相似。

监控与评价中的转换

逻辑框架或以结果为导向的管理系统是在非营利组织领域最常用的监控与评价系统（M&E）。这些监控与评价系统已经成为标准（Rugh，2008），然而整体来看还是有越来越多的细微差别。许多捐助者与非营利组织质疑他们究竟能够在多大程度上将广泛的社会变化归因于自身的捐助款或项目。例如，国际发展研究会（The International Development Research Council）强调了贡献（与归因相对）框架的重要性，并开发了结果导图的应用程序，用以衡量利益相关者在影响社会变革方面做出的贡献。监控与评价系统中这一从归因到贡献的转换接纳了更多的协作性途径，并关注位于品牌亲和力核心的共享外部社会目标。

像福特基金会（Ford Foundation）这样的捐助者也在呼吁更多的差异性，以及监控与评价系统更加关注长期变化中捐助者的贡献（Klugman，2009）。Klugman 指出捐助者应当聚焦于发展变革理论，即考虑他们捐助的资金如何产生所期望的变化，而不是关注分析，尤其是在传播方面。他们的贡献会体现在组织能力的提升，支持、联盟、数据和基于社会公正视角的分析以及政策层面。监控与评价系统中的这些趋势有力地支持了品牌 IDEA。

这些激动人心的趣事和新兴模型为非营利组织的未来环境描绘出了极富吸引力的前景。尽管并不是一套完整的分析，它们的确创造出了更广阔的情境，令人信服地支持了品牌 IDEA 框架。

总　结

非营利组织的世界呈现出越来越多的主体、越来越少的机会和日益增长的社会需求的特点。对于非营利品牌来说，两大趋势尤为重要：通信技术的变革（包括社会化媒体）以及合作与协作行为的增加。我们还发现非营利组织认识与理解品牌的方式中存在范式转换。该转换引申出新的品牌视角，即品牌不是筹款的工具而是关键的战略资产，品牌包含了组织的使命与价值，并支持广泛的参与和合作以最大化其影响力。

品牌 IDEA 框架正存在于这一新的范式之中，它包含三项原则：品牌完整性、品牌民主化与品牌亲和力。品牌完整性要求组织的使命和价值与品牌识别保持一致，而品牌识别与品牌形象保持一致。品牌民主化是一项将组织内外部利益相关者纳入品牌识别的发展、重申与沟通的过程。品牌亲和力则指通过合作与协作，利用品牌来为外部目标提供支持。

品牌 IDEA 框架与目前的许多社会变革与管理理论产生了强烈的共鸣，包括组织渗透性、开放式创新、集体影响、企业社会责任与共享价值、领导力思维、共识性筹款、非营利组织网络以及监控与评价中的转换。

我们已经在品牌 IDEA 框架中构建了情境和驱动因素，并将在下一章中深入地讨论品牌与品牌管理的定义。

20

第二章 品牌到底是什么，我们为什么要管理它

　　尽管识别知名品牌并不困难，精确地描述一个品牌究竟是什么、做什么却并非易事。在这一章中，我们将解读这一问题并开始关注如何管理品牌。由于品牌文献和品牌管理模型主要来源于营利性行业，我们将回顾这些资料并讨论行业间的差异是如何为我们提供有关非营利组织品牌管理的理解的。最后，我们讨论是什么创造了强有力的品牌，以及品牌资产的驱动力与非营利品牌有着怎样的不同。

品牌是什么

　　品牌这一概念十分令人困惑且难以定义。我们经常在研究生课程的开头抛出这一问题，而学生们很难给出定义并区分它们。对有关营利领域品牌的文献进行简单的回顾有助于阐明这一看似简单的问题。Kotler（2000）将品牌定义为"一个名称、术语、标志或设计，或它们的结合，旨在表明卖方或一群卖方的产品和服务，并将其与竞争者（的产品和服务）区分开来"（p.36）。Aaker（1991）指出一个公司的品牌是其最重要的无形资产之一。Bedbury 和 Fenichell（2002）将品牌描述为"一个存在于大众意识中的心理概念"（p.15）。Lencastre 和 Corte-Real（2010）将这些定义合并为一个包含三点的概念——"身份标识本身、该标识指代的市场对象以及市场对这一标识的反馈"（p.400）。

　　所有事物和所有人都有品牌。品牌不仅与有形资产相关，如产品、公司、地点、组织、人，也与无形资产相关，如服务、观念和经历。品牌帮助消费者和品牌受众辨别、区分不同观点，并建立信任。事实上，Morrison 和 Firmstone（2000）认为"品牌发挥着像信任那样的功能，简化决策并扮演概括总结知识的角色"（p.670）。

　　品牌在非营利组织文化中的定义大体相同。Daw 和 Cone（2011）将非营利品牌阐释为"全部沟通、行为、互动形成的有关一个组织的认知集合"（p.20）；Cuesta（2003）补充道，非营利品牌是"参与者与支持者与非营利组织提供的项目与服务相关的、共享的情感认知"（p.1）。对于 Sargeant（2009）来说，非营利品牌"本质上是一个组织对大众关于自身某种特点或特定行为的承诺"（p.157）。根据 Andreasen 和 Kotler（2007）的说法，非营利组织"隐含了特定信息，传达情感，甚至有其自己的个性"（p.173）。

　　当我们让受采访者定义非营利领域的品牌时，他们中的许多人使用了类似的概念或语言。一些人将品牌描述为"无形资产"或"一个承诺"。其他人认为品牌通过表达组织的"灵魂或本质"来抓住组织的核心属性。还有人通过计划和认知来识别品牌。最终，品牌被视作一种有效性的来源，一条能够让潜在的捐助者、客户和合作者节约决策时间的"捷径"。

　　关于非营利领域的品牌究竟是什么的定义与之前在营利领域的定义并无本质区别。两个领域中的品牌都可以被定义为一种无形资产，以及传递信息并在受众中创造认知和情感的标识。同样在两个领域的文献和我们的采访中都出现的，是我们能够将品牌划分为两个维度：品牌识别、一项内在映射（代表个性、灵魂与本质）与资产，以及品牌形象、一项与受众建立联系的外在认知。同样重要的一点是，尽管非营利和营利领域的项目、产品或服务都能够与品牌相联系，这里的定义以及本书的重心都在于描述组织品牌。

　　我们已经指出一些人将品牌与组织等同起来，在描述一个组织实体时使用"品牌"这一字眼。尽管一个品牌代表一个组织，它本身并不是一个组织实体。有时，品牌也会与声誉相混淆。这两个概念当然是相关的，但并不一样。声誉被定义为"顾客们在一个公司的表现和如何认识其行为的基础上长期形成的、关于公司形象的集体表示"（Argenti and Druckenmiller，2004，p.369）。在我们的观点中，声誉是包含不同受众、不同时间的品牌外界认知和形象的集合。哈佛大学豪泽公民社会研究所高级顾问克里斯汀·莱茨（Christine Letts），与哈佛肯尼迪学院人类学实践与非营利领导力高级讲师丽塔·E.豪泽将声誉视为"人们的经历，而将品牌视为组织的计划"。声誉非常重要，它代表了集体的、综合的品牌形象认知。但是品牌拥有内在维度（品牌识别）和外在维度（品牌形象），如果你认为声誉和品牌是同义词，那么就忽略了品牌的内在维度。

品牌做什么

在私人领域中，品牌有助于通过增加认知度和感知质量刺激并维持对商品或服务的需求。对于消费者来说，品牌帮助他们做出决策并建立好感。品牌还有助于建立与消费者的关系，以及创造偏好、忠诚与信任。通常，一个商品或服务品牌能够带来溢价，这与更好地感知质量与忠诚度紧密联系，并反过来创造更大的收益和利润。

当我们询问受访者他们认为强大的品牌能够为非营利组织带来什么时，他们说出了一些与私人领域相似的内容，同时也存在着细微的差别。塔夫斯（Tufts）大学的费恩斯坦中心主任彼得·沃克（Peter Walker）阐述了一项普遍认同的观点，他说："一个强大的品牌让你获得更多的资源，并赋予你有更大的、自由使用它们的权力。"品牌有助于获得财政、人力、社会资源，并带来关键的合作关系。强大的品牌创造出的信任还能够为组织提供权力、信誉；相较于拥有弱势品牌的组织而言，它们还带来了更高效和灵活的分配资源的能力。

在非营利组织领域，品牌为组织所做的则更加复杂。许多非营利组织支持这样的观点：除了（带来）获得资源的能力，品牌还为它们的人事提供了保障、帮助使命的达成、提供内在的凝聚力，并为组织定位潜在的合作伙伴

（Quelch and Laidler-Kylander，2005）。Hankinson（2005）在她有关英国慈善方面的研究中阐述道，品牌同样"将劳动力团结在共同的目标周围、催生改变、促进领域的专业化"（p.84）。她还指出，"内在品牌应当与外在品牌合作"（p.90）——一个与品牌完整性十分相似的观点，同时也如我们将在第四章中看到的那样，是品牌周期角色（The Role of Brand Cycle）中的一个关键部分。Cuesta（2003）认为，非营利品牌"是一条价值链，联系着组织的使命与董事会、员工、志愿者为参与者和支持者带来的成果"（p.2）。此外，一些作者关注非营利品牌必须应对的受众，并进一步提升了这一领域中的品牌化的复杂度。

那么，非营利品牌是否与营利品牌不一样？答案既是肯定的也是否定的。我们认为品牌的实质并不因领域不同而存在差异，但品牌对组织的作用以及如何被最好地管理则不尽相同。为了更好地理解为何品牌在非营利组织中扮演的角色与其在私人领域中不同，并阐释品牌的管理需求存在怎样的区别，现在让我们完整地评估一下非营利组织与营利组织的区别，以及领域间的品牌管理差异。

营利组织与非营利组织的关键差异

Oster（1995）在非营利组织的管理方面开创性地指出，非营利组织至少在五个主要领域与营利组织存在差异：

（1）组织文化与结构。Foreman（1999）认为这更可能存在于建立共识的文化基础上，这种文化伴随着分散的结构和弱的中心控制。

（2）雇员。Benz（2005）将雇员描述为"被内在驱动的"，并从他们的工作中获得非财务回报。Benz还指出，非营利组织中雇员的工作满意度高于营利组织。

（3）一种协作而非竞争的方式。Liao、Foreman 和 Sargeant（2001）与 Austin（2000）均认同这一点。Sargeant认为"由于对商品和服务的需求是无法满足的，竞争与非营利组织的相关性较弱"（p.259）。Austin 则认为对非营利组织来说，协作正在成为一种规则。

（4）消费者的复杂性。消费者的复杂性使非营利组织相较于营利组织而言变得更难管理，这很大程度上是因为更广泛的利益相关者与品牌受众参与到上游活动（如筹款）和下游活动（如方案实施）中（Letts，Ryan and Grossman，1999）。

（5）使命的重要性。非营利组织缺少营利组织共有的目标，即创造利润。相反，它们努力实现社会使命并动员更大范围的利益相关者。这样的使命不仅是一句口号，更是一个目标。

我们还应当注意到，在非营利组织领域，服务与产品的购买者（捐助者）和使用者（受益者）经常是分离的。这样的分离暗示了品牌和其必须扮演的角色。因为购买者无法直接体验和评估产品或服务的质量和价值，他们必须基于信任做出"购买决策"（Laidler-Kylander，Quelch and Simonin，2007）。我们认为，品牌正是建立这种信任的工具。

最后，营利组织将利润作为唯一的标准。非营利组织为社会变化努力，而这样的变化往往只有当领域内的其他组织同样取得成功时才能实现。换言之，许多非营利组织只有在其他组织的帮助下才能实现目标。因此，营利与非营利组织的目标存在着本质和结构上的差异。我们认为，品牌在推动非营利目标（使命与影响力）中扮演的角色是更加多维而具有挑战性的，正如我们将要讨论的主题——品牌的有效管理中显示的那样。

传统的营利性品牌管理

私人领域中的传统品牌管理可以被定义为在一段时间内对品牌进行建设、培养、保护的活动集合（Arnold，1992）。作为一种建立品牌忠诚度的方式，创造与顾客的情感联系已经成为私人领域中品牌管理的主要目标之一。品牌管理在部分程度上被定位为一种达成竞争差异、增加能见度和认知度的工具；

而近年来，保护品牌和品牌资产成了关注的重点。品牌管理的核心原则是发展出一项清晰的定位战略，定位成与竞争对手不同的品牌并面向特定消费者使组织在定价、沟通和产品策略上保持一致，从而支撑这一品牌（Kapferer，2002）。

　　传统上，品牌管理被视为对一项虽然不可见但十分关键的资产的管理（Guzman，Montana and Sierra，2006）。Mitchell（2005）认为品牌是"整座商业冰山的顶端"，"拥有一个强大的品牌对于每一个成功的企业来说都是十分关键的，但品牌并非建立在一个个独立的'品牌打造'活动上，抑或一系列被称作'胜利'的比赛"（p.9）。Mitchell 将品牌管理看作是一种持续的、有针对性的、清晰的沟通，并认为管理品牌的方式应当着重在创造和传递顾客价值。强大的品牌"会自然产生"（p.8），Thompson 与其同事认为，"在过去的十年中，情感品牌化作为一种具有强大影响力的品牌管理范式出现了"（Thompson，Rindfleisch and Arsel，2006，p.50）。Bergstrom、Blumenthal 和 Crothers（2002）补充说，"品牌化这一名词，是指为产品或服务添加更高级的情感意义，从而增加其对于顾客和其他利益相关者的价值"（p.134）。在私人领域中，情感品牌化范式已经在很大程度取代了基于认知理论所形成的原始范式（Thompson and others，2006）。情感品牌化范式衍生出了对品牌个性的建立，而许多品牌研究已经开始重视建立品牌个性的重要性（Fournier，1998；Johar 27 Venkataramani，Sengupta and Aaker，2005；Ogilvy，1983；Plummer，1985；Sentis and Markus，1986）。

　　在过去的十年中，公司品牌化相对于产品品牌化而言，成为一种发展趋势。公司品牌管理"致力于在不同的利益相关者中建立与组织的良好关系"（Gylling and Lindberg-Repo，2006，p.257）。Knox 和 Bickerton（2003）定义公司品牌化是"在传统的产品品牌化基础上的描绘，基于定位的差异与偏好的传递是其共同目标"。然而，这些作者确信公司品牌化"更为复杂"，它要求"与大量利益相关群体进行互动性"的管理（p.999）。Aaker（2004）还认为一个公司的品牌（或组织的品牌）能够"创造影响力、协同感与独特性"，这将会在"喧闹、混乱和复杂的环境"中获益（p.6）。公司品牌化的转换十分有趣，与非营利品牌管理有着潜在的密切联系。

培养并保护品牌是营利组织领域中品牌管理的基本要求。Heberden（2002）指出，"缺少投资和专业的管理将有可能导致品牌价值的贬损或增长趋缓"（p.59）。当下的研究成果支持对品牌的投资，并强调保护品牌的重要性。M'zungu、Merrilees 和 Miller（2010）认为"品牌管理应当在保护品牌资产中扮演重要角色"（p.605）。品牌保护还与品牌持久的概念息息相关。Aaker（1996）指出，保持品牌含义与信号的一致性是维持和保护强大品牌的重要方式之一。对谁来描绘品牌、何时描绘进行控制，以及严格管理对品牌资产（如商标）的使用有助于维持并传递这种品牌含义和信号。许多成功的营利品牌在监督和控制品牌资产方面十分强硬，包括对其标语和商标的使用。综上所述，基于对持续性的目标进行控制和监督，是私人领域品牌管理中的一个重要方面。

非营利品牌管理的缺失

尽管近来出版了一批有关非营利组织品牌化的书籍、文献和博文，28 Deatherage（2009）指出了其近期与某老牌大型非营利组织合作过程中的发现，组织内很少有人理解品牌是什么、品牌能为他们带来什么。我们的一部分受访者也有类似的感受，他们不得不从关于品牌和品牌化的内部讨论和训练课程中开始了解和理解品牌。

其他研究者发现，非营利组织"只在品牌化上花费很少的时间、能量和精力"（Nissim，2004）或"不能有效利用并管理它们的品牌"（Bishop，2005）。Bishop 总结道，"品牌管理（在非营利组织中）被忽视了，原因在于营销本身被视为极少的几种活动，并且其中大部分只与筹款相关"。这并不令人感到惊讶。一项针对非营利组织品牌书籍和文章的搜索表明，超过 70% 的著作仍在强调那些基于筹款和沟通的陈旧品牌化范式。Ritchie，Swami and Weinberg（1999）提醒说品牌化可能会引发危机，因为"品牌管理看似商业化，需要投入财力和人力资源，并会放大组织的负面信息带来的影响"（p.30）。

我们在采访中经常遇到关于品牌和品牌管理的负面认知与质疑。然而我们相信，这样的质疑在一定程度上来源于之前提到的领域差异（Oster，1995）与有关品牌和其在非营利组织中的战略角色的误解。缺乏非营利组织领域特有的品牌管理架构和工具也可能限制非营利组织开展品牌管理工作。

Daw 和 Cone（2011）撰写了《非营利组织品牌化的突破》（*Breakthrough Nonprofit Branding*）一书来填补这一空白。该书指出了"一个持续被关注的、令人信服的品牌能够改革其组织、改变他人的看法并得到支持"（p.5）。他们归纳了七条原则：①发掘品牌的真实含义；②在组织中传播品牌含义；③召集内部品牌大使；④建立全方位沟通渠道；⑤通过动员社会资源拓展品牌含义；⑥培养合作者以扩展品牌影响范围；⑦利用品牌来调整收益与价值。这其中的许多内容与我们的研究不谋而合。需要特别指出的是，品牌的核心是使命与价值，这一理念会吸引内外部利益相关者和培养广大合作者支持我们的品牌完整性、品牌民主化与品牌亲和力。Daw 与 Cone 的著作内容也符合我们在第一章中有关范式转换的讨论，并指出了一条思考非营利品牌的新路径。　29

品牌 IDEA 与传统的营利组织品牌管理模型有何差异

在私人领域中，品牌管理模型大都聚焦于创造与顾客的情感联系上，并以此作为塑造品牌忠诚的方式。差异化与定位被用于建立竞争优势并在目标顾客市场中提升认知度和偏好。正如之前所述，在传统的营利品牌管理框架中，持续性和控制早已成为品牌保护行为的象征。与营利品牌管理相比，品牌 IDEA 存在着三点本质区别：第一，品牌关注的是使命而非消费者；第二，定位被用来获得组织独特性和支持协作行为，而非取得竞争优势；第三，控制被参与所取代。品牌 IDEA 框架建立在先前有关范式转换的讨论的观点之上，并将解释我们指出的、存在于营利与非营利公司间的差别。

使命导向

在品牌 IDEA 框架中，品牌从根本上关注组织的使命和价值，而非在传统营利品牌管理模型中那样关注顾客或终端用户。这并非意味着非营利组织众多的利益相关者们不是重要的品牌受众——他们的确是！如我们将在第四章中阐述的那样，品牌在建立信任，尤其是在一批外界利益相关者中建立信任时扮演的角色是十分关键的。但是，营利组织的长期目标是利润最大化，因此会冒着过度简化（Oversimplifying）和普遍化（Generalizing）的风险。在许多案例中，达成这一目标的途径是满足越来越多的忠诚顾客的需求。正如我们之前所述，传统的营利品牌管理关注创造并维持与顾客的情感联系，并据此为公司挣得利润。相对地，非营利组织的目标是实现通常较为复杂的社会使命并创造积极的社会影响，这要求其他组织的帮助和参与。品牌完整性将
30　使命，而不是顾客牢固地放置在品牌核心。品牌将使命、价值和组织战略融为一体，自然也支持了与顾客的情感连接，只是朝向不同的目标。

定位以获得独特性

如前所述，很少有非营利组织能够独自成就其使命。使命的达成越来越要求建立和管理一系列的合作关系。非营利品牌需要与利益相关者（来自内部和外界的）和品牌受众建立联系，以获得支持并创造能够传递社会影响力的协作环境，而筹款或挣得利润只是其中的一部分。不同于定位在营利品牌管理中的目标是获得竞争优势这一点，非营利品牌定位的目的是在品牌识别和形象中建立独特性，并辨别合作关系。如诺亚·曼林克所说，"非营利组织中没有传统品牌化的位置，像私人领域那样获得传统竞争优势或进行自我推销的功能是不存在的"。

品牌亲和力强调通过协作、分享社会影响力来管理非营利品牌的重要性，它意味着与传统营利品牌管理的分道扬镳。营利品牌努力获得竞争优势，达成利润最大化的内在目标，而非营利品牌则利用定位来支持协作，关注实现外在社会目标和提升公共影响力。它不关心如何分蛋糕，而是关心如何将蛋

糕做大。品牌亲和力关注的是社会影响力的最大化，并通过协作达成使命，而非资源竞争。因此，品牌亲和力在根本上关乎利用品牌来辨别、吸引合作者，并通过共同的社会目标团结彼此。正如我们将要在之后所看到的那样，这是一种开放、柔性和共享的品牌资产使用模式，而不是像过去那样对品牌进行严格的监督和控制。对一个组织而言，通过共享品牌资产提升社会影响力的决策远比通过驱动资源和利益更有效益。

参与性契约

品牌完整性将使命、价值、战略整合到品牌识别中，与品牌识别和品牌形象一起创造出强有力的品牌。在品牌 IDEA 框架中，这一整合是双向的，它通过品牌民主化得以实现，获得利益相关者的参与和许可。在传统的营利品牌管理模型中，品牌识别是一种由少数人操控，用于创造品牌形象的系统化模式；品牌民主化是品牌管理的途径之一，与广泛接受品牌保护与严格的品牌控制行为大相径庭，甚至相抵触；品牌民主化提倡内部与外界的利益相关者参与到品牌识别的发展、描述与沟通环节中。不同于谨慎地控制品牌沟通的方方面面，品牌民主化欢迎参与并且灵活、具有适应性，被日益增长的协作技术与社会化媒体所推动。在品牌民主化的过程中，在内部发展凝聚力与认同感与在外界影响品牌形象具有同等的重要性。相较于更传统的控制和强调持续性的方式而言，品牌民主化这一选择强调本质和利益相关者的认同感，并最终建立品牌大使的网络。

31

在审视了营利与非营利品牌在管理上有何不同后，我们将转而讨论品牌资产以及是什么创造了强大的品牌。

品牌资产

品牌资产是品牌力量的量度。在营利组织领域中，它是衡量品牌受众与品牌间联系的标准。Aaker（1996）指出，品牌资产是"一系列与品牌相联系的品牌财产和责任、名称和标志。这些名称和标志代表着为顾客所提供产品或服务的价值"（p.7）。这些财产与责任被分为五个种类或变量：品牌忠诚度、名称识别度、感知质量、品牌联想与其他资产（如专利和商标）。这五个变量被视为品牌资产的驱动力，并可以用于解释是什么创造了强大的营利品牌。毫无意外，在非营利品牌中品牌资产的驱动力与营利品牌并不相同，而我们接下来就将对其进行阐释。

Laidler-Kylander 和 Simonin（2009）建构了一个非营利组织的品牌资产模型，这一实证模型由四种关键驱动力构成。根据系统动力学和扎根理论，他们创造了这一由信任、合作、持续性和集中驱动的非营利品牌资产模型。信任代表不同利益相关者对于组织将会履行承诺的信念；合作代表组织与企业、政府和其他非营利组织的关系；持续性被定义为组织在不同受众中进行运作和信息传递的持久力；集中属于运作范畴，指一个组织长期坚持某一特定目标的能力。在系统动力学模型中，这四个互相联系的变量驱动了非营利品牌资产，使非营利品牌变得强大。同时，它们也与品牌周期角色（将在第四章中进行阐述）和品牌 IDEA 框架相关联。

信任

Bryce（2007）指出，"非营利组织的相关学者与管理者大都认为非营利组织需要通过公众信任来获得合法性、效率、经费及非经费的支持"（p.112）。正如我们所讨论过的，非营利产品与服务的购买者与用户间存在的差异能够在一定程度上解释品牌信任对非营利组织的重要性（Ritchie and others，1999；Laidler-Kylander and others，2007）。当一个组织真正去做其外界利益相关者认为它们该做的事情时，信任便产生了。在品牌 IDEA 框架中，信任是品牌完整性的产物，品牌完整性与品牌形象、公众认知（品牌形象）与组织的身份被整合在一起。

信任促进对组织的支持，吸引合作者。在莱德勒-柯兰德建立的系统动力学模型中，信任既是前提，又是成功的合作关系的产物；品牌定位于差异化增进了信任，并增加了品牌资产。Roehm 和 Tybout（2006）撰写了一篇关于竞争者之间品牌丑闻的文章。他们指出，当特定领域的品牌之间存在明显差异时，品牌信任不太会因为丑闻溢出效应而产生衰减。这一成果也与我们的如下观点一致：有效的差异化和定位能够提升利益相关者心中组织品牌的独特性，帮助建立信任，并如我们将在第三章中指出的那样，减少非营利领域中的竞争。

合作

我们在介绍章节中说过，非营利组织参与的合作数量与种类已经有了惊人的增长。Salamon（1999，p.21）指出，非营利领域中存在着"通过协作解决问题的现实"。非营利品牌资产模型显示，合作与相关性存在着内在联系。一个品牌具有越高的相关性，就能够吸引越多的合作者；而一个组织的合作水平越高，就越能够表现出其相关性。我们相信，合作对于提升组织能力和让组织达成其使命、制造影响两方面都是必要的。使用品牌和品牌资产来支持合作与协作是品牌亲和力概念的重心。

持续性

在品牌管理中，持续性这一概念并不新颖。Atilgan、Akinci、Aksoy 和 Kaynak（2009）指出，持续性和信用是顾客驱动品牌信任的途径。利益相关者与受众间长时间、跨领域地保持品牌形象的持续性是好品牌的"象征"（Fletcher，2002）。Ellis（2004）补充说，"在产品和各地区间保持品牌持续性是公司最重要的任务"（p.19）。Campbell（2002）更表示，品牌的"3C"正是持续性（Consistency）、独特性（Clarity）、集中性（Convergence）。

在非营利品牌管理模型中，持续性能够提升信任和可见度。对于拥有一批受众和利益相关者的非营利品牌来说，品牌的持续性是一个挑战，并有着重要的地位。睿智基金（Acumen Fund）沟通与战略合作总监雅丝米娜·扎伊德曼（Yasmina Zaidman）的阐述进一步提升了受众间持续性的重要性："品牌应当在每一个方面、每一段对话、每一次互动中保持凝聚力。我认为持续性意味着无论你怎么看、无论你与谁进行对话，品牌都能够保持不变。倘若你正在接触一家企业，并与其存在潜在的投资关系，他们看待我们的投资团队的方式将与一位捐助者在我们的日常接待中，或未来的员工在参与我们的面试时感受到的并无二致。这样的持续性来源于品牌和价值的重合。"在品牌 IDEA 框架中，品牌完整性寻找受众的共性，品牌民主化吸引内外部利益相关者的参与并提供指示与工具来代替严格的监管，二者共同使持续性得以实现。

集中

集中来源于对差异化和定位的深刻理解，它与一个组织在面对潜在的捐款和市场机会时坚持使命的能力相联系。同时，集中还与简化这一概念有关。一个组织的使命和目标越简单，就越容易保持集中。Adamson（2006）支持发34 展一个简单的"品牌理念"，该理念能够成为雇员和顾客共同的口号。他的品牌管理路径强调回归本质，并注意与品牌的真实含义保持一致。

非营利品牌资产模型指出，提升集中力的行为最终会变为组织更高的合法性与更清晰的品牌定位。"Nothing But Nets"，我们曾经谈过的一家非营利组织，通过提供捕蚊网来对抗疟疾。它的品牌和品牌名称简单明了，集中在组织的理念上。其总监克里斯·赫尔弗里希（Chris Helfrich）将该组织及其品牌的成功归功于"我们就是我们所说的那样"。集中在为品牌识别、品牌形象提供独特性方面扮演了重要的角色，它促成了品牌完整性的实现，并反过来提升了组织凝聚力与信任。

总　结

在本章中，我们定义了品牌以及它做什么。我们相信，尽管在营利与非营利领域中对品牌是什么的观点可能相同，品牌能够为组织做什么以及最好的管理品牌的方式是不同的。这些差异在一定程度上来源于 Oster（1995）指出的领域间的根本差别以及我们之前讨论过的范式转换。传统营利品牌管理围绕着创造顾客忠诚度和监督品牌使用两点，而我们建立的品牌 IDEA 框架

则基于三大原则：品牌关注其使命而非消费者；定位被用于获得组织独特性
和支持协作行为，而非用于取得竞争优势；参与取代了控制。最后，营利领
域中的品牌资产被识别度、忠诚度和感知质量驱动，而非营利品牌资产则被
信任、合作、持续性和集中驱动。表 2-1 总结了本章的主要内容，对传统营
利品牌管理和品牌 IDEA 框架进行了对比。在下一章中，我们将审视非营利
品牌中的几个重要概念：差异化与定位、变革理论、内部品牌化。

35

传统营利性组织品牌IDEA

品牌
一个传递信息并创造认知和情感的标识和概念

品牌的角色
通过刺激并维持对商品或服务的（较高的）需求来推动营利

在顾客中建立偏好和忠诚度

品牌管理
为竞争优势而进行定位

创造与顾客的情感联系

保护和控制品牌资产

品牌资产的驱动力
品牌忠诚度

名称知名度

感知质量

品牌联想

非营利组织品牌IDEA

品牌
同样！一个传递信息并创造认知和情感的标识和概念

品牌的角色
通过获得和分配资源来达成使命

创造信任与组织凝聚力

品牌管理
为独特性和协作而定位

通过参与性契约产生品牌大使

提供指导并分享品牌资产

品牌资产的驱动力
信任

合作

持续性

集中

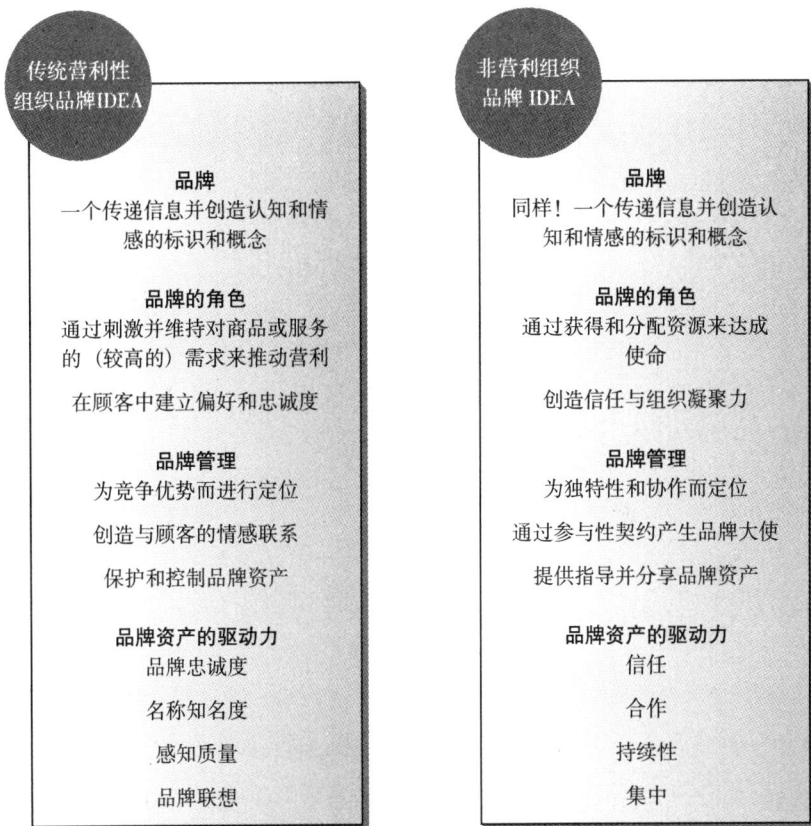

图 2-1　营利品牌管理与品牌 IDEA 的差异

第三章 你需要了解的：
回顾品牌基石的构建

37　　差异化与定位这两个概念是战略市场营销的关键原则，也是有效品牌管理的必备前提。在定义一个品牌的身份前，对宏观和微观环境的分析，包括对顾客（受益者与捐助者）需求的评估是差异化的基础。定位决定你将如何传达这样的差异，并在目标受众的观念中创造相对于其他公司来说的既定的认知或品牌形象。在本章中，我们将探索非营利领域内差异化与定位的目标有怎样的不同。之后，我们将简述变革理论（Theory of Change）与内在品牌化，以及它们与品牌 IDEA 框架有何联系。理解一个组织的变革理论能够使该组织确知如何进行社会化变革；内部品牌化是一个帮助组织内的利益相关者建立对品牌管理这一概念充分理解的教育过程。差异化、定位、变革理论、内部品牌化——这些内容正是非营利领域中品牌管理的基石。

38　　　　　　　　　　　　　**差异化与定位**

　　私人领域的差异化强调产品或服务的特殊属性，它们引导顾客对其产生有差别、需求和独特的心理。定位建立在差异化的基础上，在目标受众的观念中产生相对于其他竞争产品的定位，从而影响目标受众感知到最有价值的利益。营销者经常谈论 STP——市场细分（Segmentation）、目标市场（Targeting）、市场定位（Positioning）。市场细分是对潜在顾客进行划分的过程；目标市场是决定关注哪个细分市场的过程；而市场定位是向哪些目标顾客传递产品或服务（相对于其竞争者）的独特价值的过程。然而在实践中，成功的营销者关注现存竞争产品间的差异和顾客细分市场的偏好，并利用这些知识来推动产品的发展。对竞争环境和顾客需求变化的跟踪了解能够使营销者发现潜在的市场需求，从而据此推出全新的、差异化的产品。

在非营利领域中，尽管存在一批产品和服务品牌，我们更多关注的依然是基于差异化和定位的组织品牌。我们相信差异化与定位的概念与之等同，甚至更为密切与重要，尽管它们的用途有些细微的差别。为了成功地辨别它们，非营利组织必须明确它们服务的受益者与捐助者的细分市场、它们尝试解决的未来需求以及其他组织在这个生态系统中的所做所为。差异化与定位还要求了解组织自身的能力与缺点以及任何让组织具有独有的特征（价值、方法论、使命等方面）。我们在本章的后面将会看到，差异化和定位的重要前提是明晰变革理论，以理解组织在更大范围的逻辑框架中如何相对于竞争者进行定位，同时明确谁将是合适的合作者。

差异化的益处

差异化让一个组织在竞争环境中变得独一无二。这样的独特性可以来源于使命本身、服务对象、组织发展起来的能力或专长、用户的价值甚至所主张的变革理论。差异化让一个组织显得更有价值和特色，从而在拥挤的竞争环境中脱颖而出。诺亚·曼杜克认为，品牌差异化"致力于定义独有的意义并拒绝同质化。仅仅靠撰写一个使命陈述、成为精明的营销者或捐助者是远远不够的。你需要回答这个问题：潜在需求是什么？我们如何以独特的方式满足！在业已饱和的诸多领域，这个问题无法回避又很难应对"。

差异化还意味着明确地认识到一个组织不是什么以及不做什么。许多非营利组织讨厌这样的行为，因为它们不愿意排除潜在的支持者或捐助者。快银基金（Quicksilver Foundry）的创始人威尔·诺维-希尔兹利（Will Novy-Hildesley）指出，"部分问题是许多非营利组织总是希望受到所有人的喜爱，然而强大的品牌需要选择自己的立场并使之具有特色，有时候还会有强烈的情感反应"。差异化要求一个组织明确它做什么、不做什么以及其主张，尽管这可能会带来疏远某些群体的潜在风险。

除了上述品牌差异化的重要性外，Sargeant 和 Ford（2007）相信真正实现了差异化的非营利组织凤毛麟角，"非营利组织被视为乏味的、同质的善意理念的集合体，这些相似的组织让捐助者难以在情感上或经济上与之联系起来"（p.42）。一方面，差异性的缺失导致所有的非营利组织仅仅因为其身份就能够受益于一个广泛的光环效应；另一方面，在一个缺少差异性的世界中，某个非营利组织的丑闻与不道德的行为会玷污整个领域并带来负面的品牌溢出效应。这意味着与其他非营利组织产生足够的差别会成为化解风险的重要形式。我们将在下一节中解释，与其他组织产生差异能够确实地减少在同一领域中非营利组织间的竞争压力。

曼杜克也对 Sargeant 与 Ford 两人所描述的差异性缺失表示担忧，他相信，这将在一定程度上导致非营利领域中出现过量的重复。"北美非营利组织的增长是迅猛的"，他说，"这里存在着一片同质性的海洋。如果有 100 家意向相似的组织应对同一需求，而它们彼此相同，那么捐助者要基于什么来选择他们支持的对象呢？由于在社会治理领域中缺少市场力量与品牌管理工作，存在大量重复的基础设施、浪费现象和各种低效行为。"

40　　有效的品牌管理建立在清晰的差异化和定位基础上，因而能够应对非营利组织间的这一重复问题。曼杜克指出：

在商业领域中，由于商品化，所有人在价格上进行竞争而市场得以巩固。而在社会领域中，不存在市场力量来促进市场巩固，或至少不像商业领域中那样明显。在没有市场力量的情况下，没有压力来推动市场巩固和集中，或因为你不能提供价值而逼迫你退出商业竞争。这就是品牌化扮演着重要角色的原因。品牌化是解决商品化问题的对策，它要求组织思考其独特的意义，区分其应对潜在需求的独特方式。

尽管解决非营利领域中的低效率问题不在本书的讨论范围，我们还是惊喜地注意到在非营利领域中的一系列并购。在第九章中，我们将研究并购以及品牌 IDEA 在推动这些行为时发挥的作用。

定位的重要性

在战略市场营销中，定位或许是最基础的概念。正如前面所述，定位被定义为目标受众所持有的，对一个特定产品、服务或组织相对于其竞争对手的认知。对于非营利组织而言，定位是组织想要在目标受众和利益相关者的观念中占据的"空间"，这一"空间"与在该领域或与在组织自身所经营的生态系统中的其他组织是不同的，是你的关键利益相关者如何看待你的关键因素，而这些关键利益相关者与其他组织也有联系。吉姆·比尔德纳（Jim Bildner）是哈佛肯尼迪学院（Harvard Kennedy School）的高级研究员和客座讲师，同时也是包括克雷斯吉基金会（Kresge Foundation）和非营利财富基金（Nonprofit Finance Fund）在内的许多组织的受托人。他充满信心地指出，"定位就像头灯一样让他人知道你在茫茫人海中站在什么位置"。

好的定位有三个要求：对目标受众需求的深刻理解；对其他组织能力和弱点的充分了解；以及组织自身相对于其他组织而言的优劣势与能力。Ries和Trout（2001）撰写了有关定位的书籍，他们所主张的定位措施并不一定创造出新的或有差别的事物，而是"挖掘（目标受众的）观念中既有的内容并将其连接起来"（p.5）。两位作者认为，分析环境与竞争者是成功定位必不可少的第一步，而基于单个明显属性的"简单"定位才会带来独特性。 41

为独特性进行定位

市民冲突中心（The Center for Civilians in Conflict）成立八年后，在2011年开始了品牌重塑行动。品牌重塑始于组织认识到它需要一个全新的名称和标志。执行董事莎拉·霍列文斯基（Sarah Holewinski）意识到组织的初始名称——冲突中的无辜受害者保护运动（The Campaign for Innocent Victims in Conflict）及更重要的常用的简称，并不能传达该组织的真实目标或现实活动。

在一个咨询公司的无偿帮助下，该中心分析了其在品牌受众心目中的外界形象，以及组织内部对使命和品牌的理解，使品牌重塑取得了突破。咨询顾问绘制了一个图表，来反映冲突地区的民众所面对的问题以及在该领域中不同组织的功能或行动。该图表［有时也被称为知觉定位图（Perceptual Positioning Map)］（见图 3-1）帮助中心明确其独特的价值以及该组织如何适应由相关人权组织组成的更大生态环境。"这代表着我们是谁，"霍列文斯基解释道，"我们洞悉每个组织。"在探索中心外界形象的过程中，霍列文斯基惊讶地了解到组织的基础支持者不再是想当然的关键受众而是军方，军方受众才是"准确了解我们"的人。

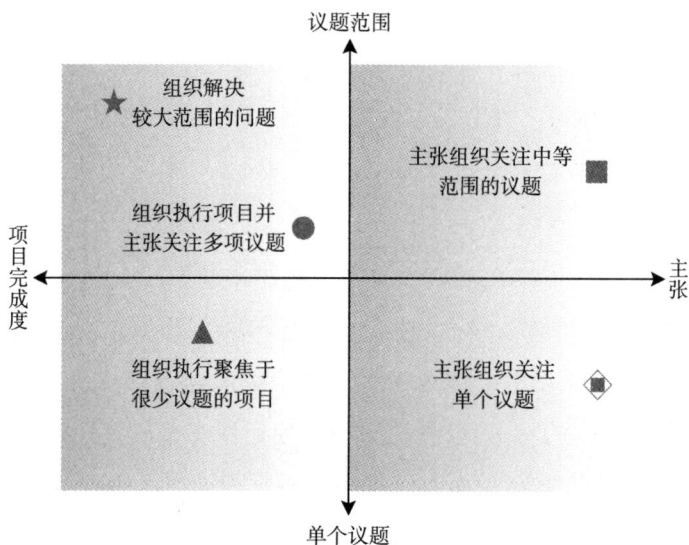

图 3-1　知觉定位图样例

对非营利组织的外界形象的理解和相对于其他组织的定位带来了独特性，而独特性对于传达中心内部对其独特价值和身份的认知十分关键。现在使命、身份和形象被统一起来，组织就能够更好地领悟其需要接触的对象、如何接触以及为何接触。中心使其变革理论明确化，并能够直接将该理论与品牌相连。我们相信，对于许多像市民冲突中心这样的非营利组织而言，差异化和定位的真正益处来源于独特性，而独特性通过了解关键受众如何对其进行认知以及组织如何传达对于自身独特角色的理解而获得。因独特性而定位，对内发展品牌识别、对外树立品牌形象，是品牌构建的基石。

差异化与定位——竞争还是协作？

在私人领域中，差异化的目的是在目标顾客的观念中为产品或公司进行竞争性定位，因而使顾客产生对某一产品的偏好。我们在采访中注意到有一种担忧，存在于非营利组织间因捐助而产生的竞争观念，这种观念倾向于拒绝经营性协作。本书已经简要提到，我们认为差异化的缺失可能是某些特殊领域竞争加剧的原因。当某一领域的组织数量增加而这些组织未能很好地区分彼此时，捐助者将难以选择支持哪个组织，每个组织都将成为同一笔捐助的潜在争夺者。类似地，如果组织本身未能明确其相对于竞争者的独特贡献，它们就可能去追求远离自己范围的捐助，这将导致使命偏离和竞争的增加（图 3-2 显示了差异化和定位与竞争之间的关系）。Monitor Institute 的主席凯瑟琳·富尔顿（Katherine Fulton）女士表达了这样的担忧，她指出，"在日益拥挤的非营利组织环境中，创造一个清晰、独特的品牌形象的能力甚至更为重要"。

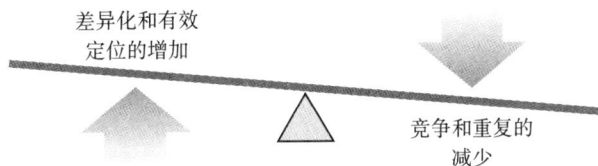

图 3-2 差异化与定位在非营利领域中对竞争和重复的影响

芬顿通信（Fenton Communications）的首席变革官莉萨·威特（Lisa Witter）鼓励她的客户表述其组织与其他致力于相同主题或接触相同捐助者的组织产生区别的原因。

你和你的竞争者应当确实存在差异，但不是像角斗士那样。你一定要明确自己做什么，并区别你和你的品牌，但这并不意味着不协作。要有协作，或者说应该有。你一定要了解在同一领域中是什么让你区别于其他组织。捐助者想要知道你如何不同、如何更好——他们还愿意看到协作。了解你的差别之处还能够帮助你辨别你的合作者应当是谁。

威特相信有效的差异化将会促进协作。"协作是必需的"，她强调，"比以往任何时候更需要。协作是通货，你必须非常清楚你在协作和竞争环境下要做的事情，包括一些与众不同的、拾遗补阙的事情。"她还认为，有效的差异化是协作的前提。"品牌差异化帮助内部成员和外部合作者清楚地了解一个组织对大环境而言的独特角色或能力，这将明确并促进整体互动和联盟中的角色分配。"我们相信通过这一方式，有效的差异化和定位将减少竞争、增加协作。

避难点（RefugePoint）的创始人和 CEO 萨沙·查诺夫（Sasha Chanoff）对于竞争和协作的问题有着有趣的见解。查诺夫了解他所在领域内的所有组织，并广泛地将它们视为合作者。当一位捐助者找到他，而该捐助者乐捐的项目在避难点的使命和关注点之外时，查诺夫会说，"事实上我们并不做那些，但我知道谁做，并且可以帮你与之建立联系"。通过这一方式，查诺夫保持了其使命的一致性，同时推动了潜在竞争对手与捐助者之间的联系。能够这么做的原因在于他清楚地了解自己组织的定位战略和变革理论。这些努力创造了一个具有更强协作性的环境并增加了对这一领域的整体影响。

品牌、定位与差异化的内在联系

差异化、定位和品牌管理均与战略紧密相连且互相促进。对差异化的理解让组织在目标受众的观念中相对于其竞争对手进行有效定位，带来独特的品牌识别与形象。因此，品牌反映了定位战略，沟通并强化了组织能够被他人感知的差异。如先前所述，成功的定位依赖对外界环境和利益相关者需求的深刻理解以及它们如何变化、为何变化。定位的目的之一是成为被选中的组织，去满足特定目标受众的需求；这帮助组织确保自身与其品牌的关联。品牌成了沟通的工具并反映组织的定位战略，又反过来推进了差异化。差异化和定位同时影响品牌识别与品牌形象，因此，它们是品牌完整性的基石，用于达成内部识别和外部形象的统一。

定位战略通常是所有品牌或品牌重塑的起点。Shokay 在藏语中意为"牦牛绒纱"（Yak Yarn），是一家与西藏本地牦牛养殖户合作的社会企业。Shokay

从养殖者手中收集牛毛，然后将梳理和纺织工作外包，制作出上好的绒纱并进一步加工成奢侈品。最初，该组织仅仅关注销售绒纱本身。然而在一段时间后，Shokay 创始人及 CEO 卡罗尔·乔婉珊（Carol Chyau）意识到组织必须改变战略并制造更多种类的牦牛绒制品，以获得更大的影响力。她解释道："为了在牦牛绒市场上产生最大的影响力，我们必须满足尽可能多的需求，并且不能只来源于自身产品的销售。因此，我们的目标是创造更广泛的牦牛绒制品需求，建立起媲美羊绒制品质量的认知。为了实现这一目标，成功的品牌化是必需的。"该组织需要将自身定位成一个时尚界的信誉企业，并与奢侈品零售商和经销商建立合作。"这使我们决定重塑品牌，"乔婉珊说，"我们的新品牌比之前更成熟，在与其他奢侈品同场时显得更合适。我们与零售和合作设计者保持同步。"组织的社会使命依然是差异化和品牌识别中的重要部分，但与关键战略伙伴保持一致的需求影响了品牌形象的发展。

定位还能让一个组织理解它如何与更广泛的变革理论相适应，以及它可能有意向与谁进行合作与协作。通过了解别的提供类似服务或关注相似目标受众（但提供互补服务）的组织，一个组织能够发现重合之处，并辨别与哪些组织的协作能够增加整体影响。因此，定位同样是品牌亲和力的基石，被品牌用来促进和支持协作的部分。

变革理论

变革理论或者说逻辑模型，是帮助非营利组织实现其社会影响力目标的工具。它们描述输入、活动与假设以及它们带来的成果和产品，如态度、知识、关注度、技能、行为、健康、家庭稳定性和经济地位的改变。对于所有非营利组织而言，清晰完整地表述其变革理论变得越发重要，这不仅体现在对战略和资源分配的决策上，也体现在监管和评估项目与组织的有效性上（Thomas，2010）。Brest（2010）指出，通过明确变革理论隐含的前提条件并发展性地建设变革理论，组织同样能将变革理论作为组织学习的工具来使用。

46

如先前所述，变革理论能帮助组织思考定位，不仅考虑自身，同时考虑潜在的竞争者。

我们相信品牌在变革理论的每一个阶段都在发挥作用，传递给不同的受众、维系必要的关系以达成既定的使命。因此，差异化和定位也存在于变革理论的每一步。健康管理科学（Management Sciences for Health）的沟通与知识交流副主席朱莉·奥布莱恩（Julie O'Brien）明确地指出，品牌在一系列行动中扮演让组织实现其影响力的角色。她表示，一个强大的品牌能够帮助组织在实现总体目标的每一步中获得并调动急需的资源。

定义一个组织的变革理论需要明确前提并清晰地描述项目和服务产生结果的机制。例如，市民冲突中心解释了他们如何通过与参与战争的军事首领合作，提供政策咨询并执行既定程序将冲突对民众的影响最小化。其与军事首领合作的方式、政策咨询和既定程序的开发以及改善民众生活水平的详细阐述，明显充实了他们的变革理论。

在变革理论的每一个步骤中，通过如下的问题对关键组织的角色进行定义是十分重要的。

（1）我们的组织是否处于完成此步骤的最佳位置，抑或有别的更好的选择？（如果有，是谁？）

（2）品牌在这一步骤中扮演什么角色？目标受众是谁、如何定义品牌将更有效地到达受众或与之进行沟通？

对第一个问题的解答能够帮助组织明确自身的特色和差异化特点，它们让组织成为变革理论步骤中最为相关或有效的主体，也能辨别哪些合作与协作者能够帮助组织获得特别的专长和能力。一个组织能通过寻找现有的资源来填补变革理论中的特定步骤，而不必创建新的能力。这帮助解决了先前提到的、在某些领域中的重复问题。如果变革理论中的某个步骤能够通过与其他组织合作或由其他组织更有效和高效地达成，组织就会在战略决策的过程中将之纳入考虑范围。对第二个问题的解答帮助组织深思非营利品牌该怎样接触多样化的受众，以及如何将品牌的差异性和定位传递给他们。

Jumpstart 是美国一家从事早教的非营利组织，它为低收入地区的学前儿童提供一对一帮助，目的是让他们做好进入学校的准备并弥补成绩上的差距。Jumpstart 的变革理论是，分辨落后于同龄人的学前儿童并通过定制化方式和训练有素的教师尽早参与其个人学习，能够让孩子在学习和社会两方面更好地完成入学准备并为未来的学业打好基础（Grossman and McCaffrey，2001）。Jumpstart 与一些大学以及美国企业联盟（AmeriCorps）合作，将大学生志愿者培训为教师。它还与开端计划（Head Start）合作以接触受众并在开端计划的场地提供项目服务。另外，该组织与高端课程（HighScope）合作以获得最佳的课程和志愿者训练材料。在 Jumpstart 变革理论的每一步中，该组织都借助现有资源和（有专长的和富有经验的）合作者而不是简单的复制。这使得Jumpstart 能够在聚焦监管和评价体系的基础上完善其运作系统，通过为志愿者提供优秀的培训来达成教育使命。这些行动在本质上是其独特的定位和差异化价值。类似地，Jumpstart 这一品牌在变革理论的不同步骤应对不同受众。它广泛吸引了捐助者、志愿者、非营利组织合作者、政府机构、家长、立法者和学区。这些品牌受众均在其变革理论的不同节点上扮演着独特的角色。

　　了解哪些合作者在变革理论的哪些步骤中扮演关键角色，以及品牌如何在每个步骤中支持每一个受众，对于有效的定位和最大化非营利组织在达成使命时创造的影响来说是十分基本的。与那些存在于变革理论的上下游中的组织进行合作还能够帮助一个非营利组织更好地定义自身角色和相对于其他组织的独特性，并了解通过合作实现扩大社会影响、减少领域内冗余的最佳方式。因此，变革理论既是品牌完整性的基石，又是品牌亲和力的基石。

　　在论述了变革理论如何帮助组织思考其独特角色，联系关键受众和辨别潜在合作者之后，我们将转而关注组织内部，讨论非营利组织中的内部品牌化的重要性。

48

内部品牌化

内部品牌化已经成为市场营销中的热门话题（Bobula，2005）。它可以被定位为将品牌活动聚焦于内部受众，如董事会成员、雇员和志愿者，以建立一致的内部品牌认知。Vallaster（2004）还指出，内部品牌化"在来自不同文化背景的雇员中创造了对品牌感知的一致性"（p.100）。Bergstrom、Blumenthal和 Crothers（2002，p.135）阐述了成功的内部品牌化的三个方面："将品牌有效地传达给员工；使员工确信其关联性和价值；将组织内的所有工作与传递品牌本质结合起来。"

在私人领域中，内部品牌化对于服务型公司尤为重要，此类公司的顾客期待并重视体验和服务质量的一致性。优秀的服务组织明白其员工代表品牌与顾客的主要接触点，而在服务中保持一致性将增加信任和目标受众对其服务的偏好。内部品牌化是一种实现这一持续性的工具，它训练和教导雇员用一种特定的方式表达组织及其品牌。

内部品牌化对于非营利组织同样十分重要，它是品牌民主化这一高级概念的关键前提。内部品牌化的重要方面之一在于促进内部和外部品牌的统一，即我们在品牌 IDEA 中称为品牌识别和品牌形象的内容，并将带来品牌完整性。Burmann 和 Zeplin（2005）支持这一观点，并指出一个强大的品牌需要在期望的和实际的品牌识别以及外界对品牌的认知上保持一致。因此，内部品牌化是品牌完整性和品牌民主化的基石。

49　　　我们将在下一章中看到，品牌在非营利组织内部扮演了尤为重要的角色。对于拥有分散的组织结构和基于共识文化的非营利组织而言，通过创造一致性和凝聚力的内部品牌化比起品牌在外部所承担的作用要更加明显（Foreman，1999）。尽管内部品牌化和教育是品牌民主化的起点，且依赖单向的沟通过程，品牌民主化还是将内部品牌化向前推进了一大步，并且通过对话推动了更多的参与。

总　　结

在本章中，我们讨论了非营利品牌管理的基石：差异化与定位、变革理论与内部品牌化。我们认为，对于非营利组织而言，差异化与定位的益处在于组织通过理解其在生态系统中的独特角色而获得的独特性；这样的独特性帮助组织明确品牌识别与品牌形象，促进协作。因此，差异化与定位是品牌完整性、品牌亲和力与品牌民主化的基石。应当指出的是，定位要求组织深刻理解受益群体的需求、领域内其他组织的优劣势以及对组织自身能力的确切认识。对变革理论的说明进一步阐释了生态系统中不同组织的角色，让组织辨别其独特角色以及能够促进实现总体目标的协作所处的节点。因此，变革理论是品牌完整性和品牌亲和力的基石。最后，我们介绍了内部品牌化并指出它对于非营利组织的重要性。内部品牌化通过品牌民主化实现，同时也是品牌完整性的基石。这三块品牌基石与品牌 IDEA 框架的关系展示在图 3-3 中。

50

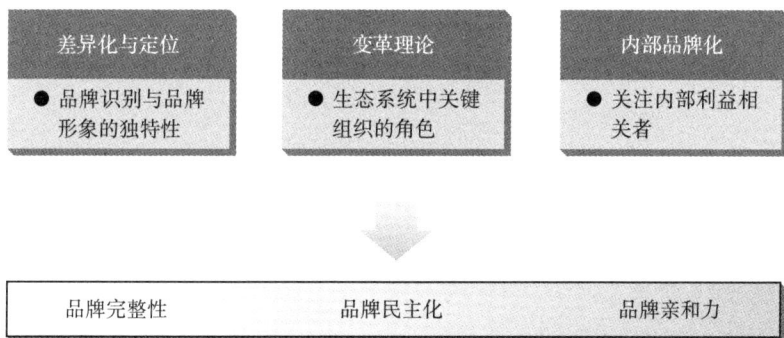

图 3-3　非营利品牌和品牌 IDEA 构建的基石

第四章　怀疑者们为什么是错的——理解品牌的角色与益处

在之前的章节中，我们介绍了品牌 IDEA 框架，定义了有关品牌和品牌管理的关键术语并讨论了它们在领域间的差异，还阐释了差异化和定位、变革理论、内部品牌化这几块基石。在本章中，我们将关注品牌周期角色（The Role of Brand Cycle），它总结了非营利领域品牌管理的益处。首先，我们将寻找对非营利品牌的怀疑论的来源并重新审视先前介绍过的范式转换；其次，我们将继续研究强大品牌带来的内部和外部利益，并强调如何通过品牌 IDEA 框架的品牌管理来实现这些利益。

对品牌和品牌管理的质疑

当两年前我们开始研究时，接近 50% 的受访者对于非营利领域中的品牌与品牌管理的使用表达出了一定程度的矛盾观点。这样的质疑基于五个主要
方面：商业主义、伦理问题、组织的反对、领导者的虚荣以及品牌对合作的影响。我们将对其一一进行解读。

商业主义

许多与我们进行商谈的非营利组织管理者表达了这样的担忧：若将品牌与品牌管理主要视为筹集资金的工具并运用"市场方式"加以使用，便会在

根本上与非营利领域的价值观产生分歧。"我相信'品牌化'是对人们而言最'敏感'的词汇"——来自芝加哥大学社会服务管理学院（The University of Chicago School of Social Service Administration）的沟通主任朱莉·荣格（Julie Jung）这样解释。对许多人而言，看到品牌化一词就会联想起广告和销售的画面，而这并不被认为与非营利领域的工作相符。正如健康管理科学的朱莉·奥布莱恩所说，"我们的员工将品牌化视同于营销并坚决地认为，由于组织要实现使命，'营销'是令人不悦和不相干的"。

哈佛肯尼迪学院的克里斯汀·莱茨分享了她对于一些义赈组织的关注，这些组织以吸引并通过公开和有意义地向公众传达组织的工作方式来募集资金。"他们通常在灾害发生时或者募集资金时才出现"，她解释道，"因此品牌只会与灾难中的资产筹集活动相联系，然后就再也不被提及"。莱茨认为，这是一种"利用"品牌而非"建设"品牌的行为。"建设"品牌要求组织持续、公开地传达我是谁、我在做什么。

泰国公共卫生部（Thailand's Ministry of Health）高级顾问威布波普雷塞特（Wibulpolprasert）博士并不是唯一一个质疑如下问题的人：非营利组织是否在公共关系和沟通上花费了过多的资金？虽然这些工作对社会有益。当品牌被狭义地定义在筹款与公共关系的范畴时，花费在建设和管理品牌上的投资通常被认为是不必要的。

威尔·诺维-希尔兹利将其对重商主义的看法做了如下阐述："人们有许多对于品牌化的误解，因为他们常常将其与广告混淆。从即刻起透过现象看本质，你将发现需要很多的努力才能让非营利领域中的人们用不同的、战略的眼光看待品牌化。一旦他们看清了'品牌化'，就会转变成商业思维。"这一将品牌视为商业利益的工具或杠杆的观点与我们的新范式截然不同——品牌是一种达成使命的战略资产！

伦理问题

53

我们同样听到了这样的担忧——在非营利组织的运营过程中存在牺牲个人伦理道德和对他人尊严的敬重以筹得资金并增加利润。哈佛大学豪泽公民

社会研究所高级研究员、CARE 公司前 CEO 彼得·贝尔（Peter Bell）指出，
"那些仍采用电视广告展示满脸雀斑孩子们的非政府组织也许在筹款方面取得
了'成功'，但其方式是不尊重那些孩子的，并且对于推广发展人权组织的作
用十分有害"。包括女性学习合作组织的创始人和主席马哈纳兹·艾法卡米
（Mahnaz Afkhami）在内的一些人则认为在筹款过程中进行的销售通常是单向
的且与多数国际非政府组织想要获得的地方许可相抵触。"像贩卖谷物那样
推销你的观点，通过组织'拯救一个奴隶'或'接受一位强暴受害者'这样
的运动，是一些国际非政府组织的惯用套路，然而，我相信这些行为对于目
标来说是不利的。"

一些受访者特别提到了一个发生在海地的案例：品牌带来的压力导致所
有的公共厕所都挂上了非营利商标。这类品牌使用的案例被许多人视作与非
营利领域的根本价值相冲突，几乎是令人不悦的。在这些案例中，品牌被视
为公共关系或促销的工具，仅仅用于获得关注、可视性和财政支持。

反对

品牌管理过程，尤其是品牌重塑行为是可见的，且可能引发组织的反对，
导致一个具有挑战意味和存在异议的环境。哈佛商学院查尔斯·爱德华·威尔
逊工商管理教授约翰·奎尔奇（John Quelch）将品牌化过程比喻为一根避雷针：

品牌化和品牌重塑的过程并不十分轻松。当人们发现组织内发生了令他
们不舒服的改变时，他们可能会利用品牌作为反对更大范围变革的工具。一
个新 CEO 就职时或许想重新定义组织战略，而作为其中的一部分是修改标
志。标志与标语具有很高的可见度并代表着重要的人际关系。因此，修改标
志就会像避雷针一样聚集了因其他问题带来的不满情绪。

54　　　我们注意到品牌重塑的开端总是自上而下、在缺乏参与或商议的情况下
对组织进行变革。抵抗这种变革是一种自然反应，而商标只是一个标志性的
战场。

虚荣

这一问题通常出现在基金会。这些组织对品牌化过程的基本原理并不清楚，或者将其理解为不是组织能力建设的分内之事。来自 Monitor Institute 的凯瑟琳·富尔顿（Katherine Fulton）指出，"过多的基金会因为所谓自尊遭遇到品牌问题，主要来源于 CEO、董事会成员或创始人。我遇见过这样的情形：品牌、声誉成了最终目的，或是领导者的私人所有，而非实现使命的工具"。当这种情况发生时，对品牌管理的怀疑就会产生在组织和外部利益相关者之中。哈佛大学豪泽公民社会研究所高级研究员史蒂夫·劳里（Steve Lawry）也表示品牌管理会被组织的高层领导左右，成为一种自我表现的方式。这就会加剧组织对品牌管理的抵制并在组织内部产生反对情绪。

对合作的影响

最后一种担忧特别针对在协作上逐步增加的组织，认为一个强大的组织品牌会掩盖弱势的品牌，加剧而非减少合作者之间的力量不平衡。品牌能见度会获得比合作目标更高的优先级，带来不公平的合作关系并可能导致品牌混乱。正如行动援助（ActionAid）和开放社会基金会（Open Society Foundations）前董事拉梅什·辛格（Ramesh Singh）所说："大品牌与小品牌间存在紧张情绪。更大的国际非政府组织或慈善组织有时会更多地推行自己的品牌，导致其他组织的能见度降低，引发其不满。"全球气候行动（the Global Campaign for Climate Action）的沟通主任克里斯汀·特利瑞特（Christian Teriete）曾与 TckTckTck 进行合作。他表示，在一个集体战略确立之前，组成品牌同盟的不同组织总是试图凸显自己的商标。"那就相当于'商标沙拉'"，特利瑞特回忆道，"很难说是战略行为"。这些削弱了集体努力和影响力的行为导致了混乱的结果。

我们不会忽视这些怀疑，而是要认真看待它们。我们清楚地知道，这些质疑源于将品牌视为筹款和公共关系工具这一局限和过时的观念。

范式转换再思考

当我们从根本上将品牌视为一种筹款工具时，在任何可能的场合推动外界能见度与认知度增加的行为都是合理的，因为这将增加流向组织的自信。事实上，这正是关注利润增长的传统营利品牌管理模型所提倡的内容。然而，在新的范式中，非营利品牌同时扮演着关键的内部角色和外部角色。捐助者仅仅是品牌需要应对的内部与外部利益相关者或品牌受众的一部分。正如先前所述，这样的转换包含了对于品牌角色认知和如何进行最佳品牌管理两方面的改变。

当我们在范式转换的背景下审视之前所描述的五项担忧或质疑时，它们就显得不那么有说服力了。在新的范式中，组织的目标从筹款行为转换为使命的达成，而品牌被视为一种战略资产，使组织的使命和价值具体化，其目的是创造能够实现广泛社会影响的支持与合作。平心而论，许多优秀的非营利组织管理者虽然仍以组织的营销和筹款为任务，但他们已经将组织的使命融入品牌讨论中，更加重视建立关系而非筹集资金。事实上，我们正是向这些战略（或共识性）筹款人学习，并将他们的智慧纳入品牌 IDEA 框架之中。

美国乐施会（Oxfam America）发展与沟通副主席斯蒂芬妮·库尔斯纳（Stephanie Kurzina）为品牌管理开创了一条不同于"商业"方式的新道路，她指出，"我们不应该仅仅急于租用广告牌或在波士顿地铁上做广告。如果你能够让人们理解他们的捐助将促进组织的成长并增强达成使命的能力，他们就愿意支持。这正是沟通与品牌化的目的"。捐助不再是重点，而获得支持和对使命的理解愈发被强调。这一方式大幅度地减少了有关商业主义的担忧，因为品牌不再仅与金钱挂钩。筹款成了达成目的的手段而非目的本身。同时，正如詹妮弗·麦克雷所说，"筹款与建立关系、为组织及其目标发展拥护者与合作者相关"。这一对于筹款的长期视角扎根于围绕组织使命和目标的合作关系发展之中。关注使命及社会影响能够减少人们对商业主义的不适感。

　　当品牌将使命和价值具象化时，在品牌的使用或配置以及品牌具体化的价值之间存在差异的可能性也减少了。使命和社会影响被整合进品牌之中，而品牌成了所有与组织相联系的人获得自豪感与热情的来源。品牌通过与使命一致并反映组织伦理与价值的方式进行表达和使用，因而减少了在沟通中产生伦理担忧的可能性。

　　之后的两项担忧——反对及虚荣，与品牌管理本身相关。品牌管理有时被视作组织领导者在缺乏原则或逻辑的情况下强行推行的程序。如先前所述，当品牌的变革由顶层进行推动，并且品牌资产与沟通处于严格控制或监管之下时，组织内便会产生反对情绪。变革，尤其当其可见、不可参与、被视为不必要或将带来负面结果时，组织内将产生有关品牌管理的正确性和影响两方面的反对和疑虑。在范式转换中，从品牌定义到品牌表达和沟通，品牌管理的程序包含着广泛的参与和内外部利益相关者的介入，而这些人之后则成为了品牌大使。这样的参与，或者说品牌民主化方式带来的结果是，品牌不再只是组织顶层小部分人控制下的见解。当人们积极地加入参与性品牌管理时，反对和虚荣出现的可能较小。

　　最后，有关品牌会对合作产生负面影响的担忧与以下两点相连：一是狭隘地将品牌视为筹款和增加组织能见度的工具；二是聚焦定位以获得竞争优势。倘若再次思考新的非营利品牌范式，我们将发现品牌定位并非由竞争优势的需求推动，而是对明确、辨识、推动并利用合作关系的需求，这将帮助组织达成使命并增加社会影响。定位的角色转换明显减少了品牌对合作产生负面影响的担忧。

　　同时，对拥护品牌和品牌管理带来的益处的理解能够帮助组织克服疑虑和沉默。接下来，我们将转而讨论品牌周期的作用并更全面地描述这些益处。

品牌周期角色

　　品牌周期角色被描绘在图 4-1 中，它阐释了一个非营利品牌在创造凝聚力和信任、提升组织能力与影响中扮演的重要角色。非营利品牌同时扮演着内部和外部角色。实际上，正如先前所述，品牌的内部角色对于非营利组织而言尤为重要。在内部，一个清晰的品牌识别创造凝聚力，并带来组织能力的提升。凝聚力和能力是组织的内部福利，或者说"好处"，将会有效地壮大组织品牌。在外部，清晰的品牌形象带来信任和影响力──这是强大品牌获得的外部福利。在品牌周期角色中，我们强调这样一个事实，即品牌管理根植于组织战略，并来源于组织的使命和价值。

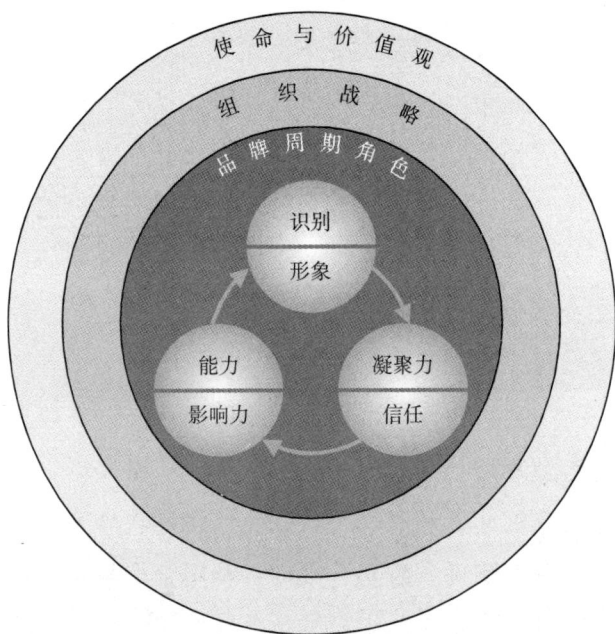

58

図 4-1 品牌周期角色

许多我们接触过的组织已经在它们的战略计划程序与品牌管理工作间建立了联系。在一些案例中，战略计划导致了品牌重塑决定的产生；在其他案例中，品牌管理工作引发了对组织使命和战略的重新评估。我们看到的那些成功进行了品牌重塑的组织都是将品牌化与战略过程紧密结合起来的。

凝聚力

如先前章节所说，一个组织的品牌识别包含了其使命和价值观。一个强大的品牌识别意味着组织明确地了解自己是谁、做什么以及它的重要原因。大赦国际（Amnesty International）的前品牌识别/沟通总监皮普·埃默里（Pip Emery）相信，为了拥有一个强大的、强连接的品牌，"你需要知道你是谁、你将去往何处以及你为何与之相关"（Stone，2011，p.4）。一个由所有内部人士理解和共享的、集中的品牌识别能够为组织创造凝聚力。在 Twaweza 的案例中，该组织的品牌来源于斯瓦希里语"Ni Sisi！"意为"是我们"——这一品牌强调只有在市民的支持下，持续的变革才能够发生。Twaweza 的管理协调员基斯·格里夫（Kees de Graaf）对品牌的力量作了如下描述："我们做的每一件事都是'Ni Sisi！'这在组织中充满着凝聚力，这一原则是组织的核心。"Twaweza 的员工支持这一原则，理解他们的组织及其使命。

当一个组织在不同功能领域和地区的雇员与志愿者均接受共同的品牌识别时，组织将会创造出凝聚力、集中并强化共享价值和理解，帮助组织进行具有持续性的决策。如世界自然基金会（World Wildlife Fund，WWF）美国首席运营官玛西娅·马什（Marcia Marsh）所言，"品牌是我们的网络所拥有的、唯一的最佳资产，它将所有人团结在一起"（Jayawickrama，2011，p.6）。由于许多组织由不同实体、项目和自主运营的部门组成，品牌识别能够创造共同目标意识并建立共享纽带，有时在分离的组织结构中产生凝聚力。

当内部品牌化与参与性方式（例如，品牌民主化）被用于发展和阐释品牌识别，在内部凝聚力方面的优势便会得到强化。对整个组织的共同理解将使所有人了解到他们正在为同一个目标工作，而个体、部门和项目的行为是一致的。凝聚力令组织更有效和高效地做出更好、更具有持续性的决定。将品牌植入使命、价值和战略中能够巩固共同理解与承诺，并带来更强大的组织文化和更高昂的士气。加拿大基督教青年会（YMCA Canada）的沟通副主席梅根·雷迪克（Meghan Reddick）解释道，通过利用参与性程序，"品牌成为一种获得组织凝聚力、建立集体能力的工具。我们的品牌迭代包含内部教育和训练，其带来的好处之一便是对话的增加和 51 个独立基督教青年会成员组织间的沟通"。

我们不能低估非营利组织中品牌的内部角色，这一角色要求组织推进内

59

部品牌化和品牌民主化。我们将在第六章中看到，通过品牌民主化实现凝聚力绝非易事，这需要时间、精力和足够的耐心。

信任

在外部，品牌形象，尤其在其与品牌识别高度一致时，将创造信任，令组织能够更有效地达成使命并产生影响。品牌形象是组织诸多利益相关者观念中不同认知的反映，它建立在经验、互动及与组织的沟通之上。这些利益相关者不仅包含捐助者和支持者，也包含合作者、受益者，以及组织期望影响、协助或接触的外界利益相关者。

持续而引人注目的品牌形象与定位会在众多外部受众中建立信任。比尔和梅琳达·盖茨基金会（Bill & Melinda Gates Foundation）全球品牌与创新主任汤姆·斯科特（Tom Scott）解释道，"为了在我们的工作中确实地获得成功，信任是最重要的特性。这对于每个人都适用，无论你在销售一款产品、解决一个议题抑或筹集资金。受众须相信组织的动力与它所说的一致"。如先前所述，理解信任的驱动力对于非营利组织尤为重要，因为许多利益相关者（如捐助者）可能并不会直接体验产品或服务。非营利组织必须依赖与不同的外部受众建立信任关系以有效地达成使命并施加影响。与关键利益相关者建立

60 信任的另一个好处在于它能够加快有关捐助者和合作者的决策程序。拯救红杉联盟（Save the Redwoods League）拓展主任詹妮弗·贝尼托-科瓦尔斯基（Jennifer Benito-Kowalski）描述了品牌是如何帮助建立信任并支持组织的："我们的品牌帮助人们接触并理解我们保护红杉林及其生长环境的方式与行动。"因为非营利组织依赖与众多外部受众建立信任，做所言之事、所言之人尤为关键。

能力

内部凝聚力和外部信任都能够促进组织能力的提升。一个凝聚的组织会更有效地利用其现存资源与资产，做出更佳的决定并利用组织整体能力来增加影响。外部信任会吸引人脉、捐助，有利于组织与外界的合作，因而提升

组织的能力和完成项目的执行力。

在我们的受访者中，许多人同意强大的品牌能吸引、雇用并保留有才能的员工或志愿者，他们拥有相近的价值观，希望成为组织使命的一部分。品牌还能够为组织带来更多的经济资源。我们认为，关系与合作同样可以被视为提升能力的重要资产。拉梅什·辛格阐释了品牌如何吸引维系关系并帮助达成"行动援助"（ActionAid）的使命：

我将品牌化理解为硬币的两面。硬币的正面是品牌识别，而反面则是组织的轮廓。它们有着紧密的内在联系，我们能够聚焦目标，勇敢而大声地表达。正因为我们一直在这么做，有更多不同类型的组织愿意与我们合作，齐心协力开展各项运动（女权运动、农民运动），效果远在我们的意料之外……品牌化强化了与不同群体、组织的关系，没有它们的参与，有些活动还真不好组织。

我们认为，品牌最重要的资产就是帮助组织吸引人脉和建立关系，这都要求充分的信任。正是通过这些人脉与关系，经济资源才能源源不断。

影响力

61

使命影响力是终极目标。通过利用内部能力和来自合作者、受益者、政策制定者的信任，组织能够更有效地完成其项目、行动并达成使命目标，增加其影响力。正如福特基金会（Ford Foundation）全球沟通副主席马尔塔·特里亚多（Marta Tellado）所总结的那样，"一个品牌可以是有力的工具或架构，帮助创造令人印象深刻的影响。品牌能建立信任、黏性、支持和对复杂使命的理解"。当组织成功地达成其使命时，影响力也就自然产生了。这将有效地帮助组织建立外部公众眼中的可信度与合法性。威布波普雷塞特博士认为，良性社会资本循环会强化品牌，而来自不同合作者或顾客的积极成果和经验会带来社会资本的增长，提升组织能力，使其更高效地吸引合作者、达成使命并扩大影响力。

周期结束

品牌管理是一段行程而非终点。品牌周期角色告一段落，然后从头再来。组织会检核如何进一步提升包括组织学习在内的内部能力，并为品牌识别提供新的内容。外界环境的变化、组织的成长及生命周期转换将导致内部识别随时间而进化。类似地，外部利益相关者拥有的与组织有关的经验，以及组织的行为或影响反映在其获得的合法性与可信度中，这将帮助组织强化其品牌形象。在内外部公众通过一系列接触点和经历感受品牌时，他们的认知能够确认或影响内部品牌识别与外部品牌形象的变革。

总　结

在本章的开始部分，我们探讨了有关对非营利领域品牌及品牌管理的质疑的来源：商业主义、伦理担忧、反对、虚荣与对合作的影响。我们相信，这些疑虑大部分根植于旧品牌范式和对私人领域模型和术语的抵触。在本章末尾，我们描述了品牌周期角色，即品牌同时扮演着内部和外部角色。强大品牌的识别与形象是清晰和一致的，它们提升了组织凝聚力与信任。凝聚力与信任反过来增强了组织能力及施加影响力的能力。随着时间的推移，能力与影响力影响了品牌识别与品牌形象，周期便继续下去。

这一章结束了本书的第一部分。我们希望它为读者提供了有用的背景和语境，以帮助更好地理解品牌 IDEA。在之后的章节中，我们将深入考察品牌 IDEA 的每一个组成部分，并描述该框架是如何整合在一起的。

PART **2** | 第二部分

接受品牌 IDEA

第五章　品牌完整性

我们已经奠定了基础，帮助读者理解品牌的基础概念及品牌在非营利组织中扮演的角色，包括强大的品牌能够为组织带来的益处。现在，我们转而研究品牌 IDEA 的具体内容。本章将讨论品牌完整性，即在品牌识别与品牌形象，以及使命、价值和组织战略上保持一致。品牌识别与品牌形象是一枚硬币的两面：品牌识别是对组织品牌的内部反映，而品牌形象是外界对组织品牌的认知。当二者与使命、价值、战略均保持一致时，它们将提升组织的凝聚力、信任、能力和影响力——正如我们在第四章中指出的那样。本章将细察以上内容，并研究不同群体的角色、品牌完整性如何支持决策，以及在实现品牌完整性过程中将遇到的挑战。

一个优秀的品牌描绘了组织的独特品质或价值主张，并相对于其他组织进行定位。品牌完整性这一原则建立在差异化与定位概念的基础上，首先达成品牌识别与组织使命、价值、战略间的一致，然后实现内部识别与外界形象的一致。

许多受访者提到了品牌完整性的元素，我们将把这些言论贯穿于本章之中，以将这一概念引入实际生活中。

品牌识别

当品牌如我们建议的那样，根植于使命、价值和战略中时，品牌识别就浓缩了组织的本质。创意资本（Creative Capital）的 Greg Galle 最先提出了如下概念，并由威尔·诺维-希尔兹利进行了分享：

品牌识别回答了三个关键问题：

（1）你是谁。

（2）你做什么。

（3）它为什么重要。

在品牌的内部识别中，抓住组织的"谁、什么、为什么"反映出一种范式转换——从视品牌为关注捐助者的沟通及筹款工具到视其为关注达成使命的战略资产。当品牌根植于使命、价值与战略中时，品牌识别成了组织内所有人的内部反映或集体认知，它抓住了组织的本质与存在的意义。

这一视角，即视品牌为组织的基础被许多受访者所响应。品牌识别被描绘为"一面镜子""灵魂与本质"以及组织的"精神与人格"。睿智基金（Acumen Fund）的这样描述她对品牌识别的理解："品牌实质上是我们的身份或故事。对我们来说，它是短暂却必需的，是真实的我们。"生活城市（Living Cities）前战略沟通与业务高级经理及现大西洋媒体战略（Atlantic Media Strategies）数字策略师劳拉·桑切斯（Laura Sanchez）拓展了这一概念，并表示"品牌是帮助人们理解组织的必不可少的第一步"。

比尔和梅琳达·盖茨基金会（Bill & Melinda Gates Foundation）的汤姆·斯科特阐释了利用品牌来传达组织的"谁、什么、为什么"的重要性。"只知道'谁'和'什么'的情况是极为困难的。你还需要正确地了解'为什么'并清晰地阐明你为什么在做这件事，它为什么重要以及你为什么做这样的决定。'为什么'更是你与你的受众的情感联系，而在人们做有关于你的决定时，你需要他们结合感性与理性。"

67   同样，品牌识别天生是一种进取的行为。对品牌识别的定义这一过程本身即传达了组织当今的身份以及它未来的目的。所有品牌事物都需要从清晰的识别开始。世界自然基金会（WWF）前战略沟通高级副总裁克丽丝·范·戴克（Chris van Dyke）指出，"你需要有自我意识，并实际、清楚地了解你是谁，你将去向何方。那些尝试创造品牌却没能清楚地知道自己是谁、去向哪里的组织将会面临重重困难，难以创造能够带来影响力和变革的关系。好品牌是由内而外建成的"。

除了传达组织的"谁、什么、为什么"，品牌识别还能与组织文化、历史和组织记忆相联系。福特基金会的马尔塔·特里亚多发现了一种内部品牌运动，它能够帮助"挖掘自己有关我们是谁、正在传达什么的集体意识，挖掘基础事物，如我们最优秀的成果是什么。75 年后，记录有关自身成就的共同想法将变得很困难。组织有责任去培养并充分利用组织记忆。当一个品牌拥有遗产和成就的记录时，它将变得更加强大"。因此，清晰地定义品牌识别对建立强大的品牌而言是关键的第一步。

将识别植入战略

对一个组织品牌的思考需要与其战略一同进行。正如特里亚多解释的那样，"你要有战略聚焦，否则你将不能有效地沟通"。我们与不少组织进行了对话，它们的品牌识别工作均与战略计划保持一致。2005 年，安妮·戈达德（Anne Goddard）担任儿童基金会（Childfund）[前基督教儿童基金会（Christian Children's Fund）] 的主席兼 CEO，她的第一个使命便是发展新的战略和一份新的计划以改变组织的名称，新的名称要注重帮助生活在贫困中的脆弱的儿童们。Goddard 很清楚非营利组织需要的不仅是一个新的名称，因此她开始进行组织的品牌重塑。她的工作始于吸引内部利益相关者进入战略过程，以重新定义组织的使命和价值；这一战略工作与品牌化过程紧密相连。他们的努力为组织带来了一个新名称以及对其品牌和核心目标全新的理解。先前，这一组织仅仅将自己视为一个赞助机构。而其新战略清晰地表明组织的目标是改善儿童的生活状况，这一工作的成果即为组织工作的最终成果。将战略相关工作与品牌进行联系帮助组织发展出新的品牌识别，从而在员工间产生共鸣并为员工所接受。

联合睦邻协会（Union Settlement Association）发展与沟通主任萨拉·斯图

尔特 (Sara Stuart) 表示其组织正处于包含品牌化在内的长期战略计划过程中。作为该过程的一部分，他们简化了非营利组织的使命并明确了其品牌识别。斯图尔特相信，通过结合品牌化与战略工作，该组织将变得更强大并获得有助于未来的良好定位。

将品牌工作与组织战略相联系意味着有关品牌的决策将不仅由沟通与营销部门做出，还需要组织领导层、董事会和执行团队的参与。正如诺亚·曼杜克总结的那样，"品牌战略应当是全公司的计划。那些依赖于公众支持的非营利组织倾向于通过营销部门实施品牌战略。到最后，品牌'归根结底就是你自己'，而这一目标实际上来源于组织的战略管理"。我们相信，当组织渐渐将品牌视为战略资产时，品牌重塑工作将更紧密地与战略计划工作相连接。

识别与使命的一致性

品牌周期角色将在品牌定位于组织战略、组织使命和价值并存的大背景下。一些组织使它们的品牌更贴近使命，另一些则更强调其价值。对使命或价值的分别强调取决于组织的本质，但两者都很重要。我们将首先聚焦于识别与使命的一致性。

一些组织是在没有所谓清晰路径的情况下建设强大的品牌的。它们恪守自己的使命，而其内部品牌识别自然而然地生长于斯。它们其实正在进行着卓有成效的品牌化，但自己却并未注意到。斯瓦米·维韦卡南达青年运动 (Swami Vivekananda Youth Movement) 的创始人巴拉苏布拉马尼亚 (R. Balasubramaniam) 博士描述了坚守使命对品牌有多么重要。"我并未意识到自己在建设品牌"，他解释道，"我并未刻意去那么做，我在乎的是使命，而这一行为本身成就了品牌。"

69　　　一些组织或许需要重构品牌来客观地表达其使命。如特奥会 (Special Olympics)，一些反馈表明如何定义组织的混乱变得清晰起来，组织需聚焦于战略计划。品牌与沟通副总裁克里斯汀·苏乔·赛克勒 (Kirsten Suto Seckler)

对这一问题给出了定义："我们是体育组织吗？我们是健康组织吗？我们不知道如何描述自己。"在经历了快速成长之后，其地方项目和俱乐部在对特奥品牌的阐释上产生了分歧。因此，该组织意识到应该重构品牌以明确它是谁、做什么和它为什么重要。赛克勒这样描述这一过程："我们清楚那并不是重塑品牌，而是尝试通过更简单的方式协同所有的事项。"于是，该组织设立了指导委员会，通过审计并在组织内部广泛收集各种视觉材料、信息和品牌相关资料。委员会经过艰苦努力，定义并开发了一套思维导图，可通过文字和图像进行沟通——考虑到该组织在超过 170 个国家开展工作而当地人口未必具备适当的阅读能力，这是非常重要的。过去，特奥会花费了大量时间关注其使命的第一部分：体育训练和运动员竞赛。然而，重构工作建立了新的观念导向和品牌模型，超越了"冠军在我们中间产生"的固有概念。新的品牌模型与组织的整体使命、愿景和价值相一致，它更多地解释了组织为何存在。"经过上述努力，我们创造了更加广泛的一致性。人们兴奋地参与到各项工作中，我们也注意到有了更多的认同。"品牌与使命的一致性在组织内部产生了强大的独特性和持续性，人们对品牌和常用工具（模板与导图）有了共同的了解和理解，并学会了用这些工具进行交流和沟通。

其他组织通过同时重新定义使命和品牌识别来获得一致性。当总经理昂哈·奇尔德里斯（Angha Childress）加入 Barakat 时，她意识到重塑品牌的必要性，包括明确使命、识别和两者间的关系。"先前的使命表述太宽泛了，标志也没什么感觉"，她回忆道，"我开始着手改变这些。"奇尔德里斯的品牌重塑过程从与董事会合作开始，她鼓励董事们回想组织的过去并明确他们对未来的展望。"品牌化在这一深入的思考与讨论过程中产生并贯穿其中，它涉及了所有利益相关者，包括两位最大的捐助者。"奇尔德里斯利用发掘该组织的历史、渊源，并利用田野调查的数据帮助董事会和员工重塑品牌识别并重述使命。使命与愿景显示了对教育作为基本人权的信念，这一内容对品牌识别十分重要。"是信念、热情以及人们在达成使命中的奉献强化了我们的品牌——它们对于品牌有重要的意义。在（教师的）观念中，品牌与其切身利益密切，因为他们投资的是其共同的价值观。"

70

在一些案例中，品牌识别工作推动了对组织使命的反思和改变。奥马哈社区基金会（Omaha Community Foundation）沟通主任卡利·贝克（Kali Baker）说明了该基金会的使命是如何在最近的品牌重塑过程中随着对品牌识别的深刻理解而改变的。"原来的使命关注的对象仅仅是捐助者"，他解释道，"通过增加社区及非营利组织的内容，新的使命更好地阐明了我们是谁、我们做什么。"有趣的是，原来的使命反映了将品牌视为关注捐助者的筹款工具这一旧品牌范式，而新使命包含受益者与合作者，使新品牌更具战略性、更能反映组织的运营状况。该组织将其近来的成长归功于其品牌管理工作。2006~2011年，资产增长了54%，新的获赠增加了221%。

对于大多数与我们交流的组织而言，品牌是使命的映射和体现。然而对于一些组织来说，即使使命在品牌识别中扮演着重要的角色，组织的价值却更为关键。

识别与价值观的一致性

对使命内容广泛并拥有大量不同种类的项目与计划的组织而言，让品牌识别与使命保持一致是十分困难的。我们相信这些组织可以通过关注品牌识别与组织价值观的一致性而更轻易地实现品牌完整性。价值观能够在多项目及不同受众之间保持主题的统一。

作为一个大型国际发展组织，BRAC 意识到随着组织的成长，新雇员并不完全理解组织的核心价值。社会企业更多关注的是产品销量的增长，导致组织的价值观与具体项目的目标并不一致，使得品牌完整性受到严峻的挑战。"我们需要明确的核心内容是我们做得最好的是什么、我们如何去做"，战略、沟通与能力高级总监阿西夫·萨利赫（Asif Saleh）表示，"我们如何让人们理解品牌的社会本质？我们如何使我们的日常工作与品牌识别保持联系？"BRAC的品牌重塑过程关注到组织的工作和变革理论，并包含了来自内部利益相关者与外部品牌认知调查的结果。该组织提炼出用四大品牌核心价值指导其工作的原则。作为一个大型多元化组织，将品牌根植于四大价值的行为准则保证了组织的连续性。如今，BRAC 正在致力于内部沟通和训练，用讲故事来传达品牌的本质。

基金会是反映其创始人价值观的典型。因此，基金会将其品牌紧密与其价值观相连并不让人感到惊讶。福特基金会认为价值观与品牌的联系是至关重要的。马尔塔·特里亚多解释道，"价值观与使命是品牌的基石。为了使品牌可信并有效，我们确实需要反映出自己的价值观。品牌能够成为有效的工具，帮助我们在传递使命与价值观时保持信念"。

在盖茨基金会，乐观、协作、严谨、创新等价值观从组织成立起便已存在。"这些价值观最初是为了规范与引导我们自己"，汤姆·斯科特说道，"但它们同样会与合作者和受众产生互动。"他又补充说，"我相信组织的核心价值就是你的品牌。如果你正在践行核心价值，人们相信并展现它，那就是品牌的外在表现。你不能在内部拥有一套价值观并试图在外部传达另一套。倘若你有一套既定的价值观却做不到，猜猜会发生什么？那可是你的品牌啊"。

践行价值观这一理念关系到一个组织及其品牌被感知的真实度。善淘网（Buy42）品牌和商业模式的所有方面，从雇用行为到沟通以及宣传战略，都建立在有目的地为他人带来利益这一点上。善淘网是一家中国机构，收集被淘汰的衣物进行捐助，将其进行分类并在残疾员工的帮助下进行拍照，在网上重新出售并用 50% 的收入来支持助残项目。善淘网这一品牌意味着一个行 72 动（买衣服或打理衣柜）能够使两个人受益（你自己与另一个人）。这与组织的根本价值观直接联系，即强调任何行为都能够在满足个人需求的同时帮助他人。善淘网创始人及 CEO 周贤（Zhou Xian）进一步阐释说："我们提供了一种三合一的解决方式——降低碳排放、慈善义卖并且为残障伙伴创造工作岗位。我们的品牌需要表明整体价值主张并需克服人们对经营二手衣物的偏见和抵制。"

我们的经验是一个组织的价值观应当保持相对稳定，为品牌提供重要的支撑。价值观对品牌十分关键：它们塑造了品牌识别，而那些价值观在不断"生长"的组织更可能被认为拥有真实的品牌，它们的品牌形象与品牌识别保持一致。现在，我们将转而讨论品牌形象。

品牌形象

品牌形象是组织的利益相关者们所持有的对组织的外部认知。我们注意到有些人混淆了外部形象与内部识别，然而这是两个截然不同的概念。品牌形象是外部受众观念中存有的心理学产物，因而并不真正属于组织本身。正如我们在先前章节中所见，品牌形象同样反映出品牌的差异化与定位。

强大的品牌形象通常结合了一个能够被快速识别的视觉图像和对组织是谁、做什么、支持什么的清晰理解。然而，品牌远不仅是一个标志和一条标语。品牌只有在关键受众心目中的视觉认识与其对组织的深刻理解相关联时，形象才是强大而独特的。正如加利福尼亚州女选民联盟（The League of Women Voters of California）主席珍妮·瓦格纳（Jenny Waggoner）指出的那样，"以往我们的品牌概念大都来自印刷品，这是一个自上而下且守旧的概念。如今，我们需要更多地了解受众的品牌体验。不仅是标志与颜色，更需要了解他们如何感知我们"。

当人们仅仅把品牌形象等同于品牌的视觉认识——一个标志和一条标语时，许多麻烦将会产生。标志与标语在品牌重塑过程中常会引起争论或让人惊讶，但它们并不比从根本上理解组织来得重要，这正是组织拼命地在内部解释"品牌的视觉表现只是品牌识别的表达和展示"这一点的原因。同样，视觉识别应该体现组织的战略、使命与价值观。加拿大基督教青年会（YMCA Canada）在教育和训练对品牌的理解上花费了很长时间，却并未彻底改变标志或花钱进行专业设计。"我们的确不希望讨论和把品牌化的工作放在标志上"，梅根·雷迪克表示，"我们想要说明，品牌远不只是一个标志，不只是看上去的样子和所说的话。品牌就是指你做了什么。许多组织就失败在过于关注标志而忽略了品牌的真正内涵。"

PSI 分管营销、沟通与宣传的副总裁凯特·罗伯茨（Kate Roberts）赞同组织工作和成员在宣传品牌上比标志更重要这一观点。"这与标志或品牌颜色并无关系",她解释道,"它与工作有关,这并不是指印制花哨的品牌手册,而是与你的同事一起努力建设品牌。塑造品牌才是我们的工作。"

正如罗伯茨所强调的,品牌形象不仅是组织对外沟通的成果。我们将要在"品牌民主化"一章中看到,沟通不再只是单方面的信息接收,而成了一个具有互动与反馈功能的复杂网络,这主要来源于社会化媒体的发展。品牌受众获取、交换组织的信息,并在基于组织的自我表述和他人评价的基础上勾画品牌形象。外部受众越发依赖于亲身体验或通过社会化网络获得的信息,而非直接来源于组织的信息。

一个组织的品牌形象是由品牌受众与组织间的若干个接触点构成的,从他们第一次听说该组织开始,到他们何时、怎样参与其中并决定给予支持。组织内部与外部的品牌代言人都在影响品牌形象中扮演了关键角色。他们的影响方式正是诺维-希尔兹利所称的"诚实信号"——行动与体验比言语更有力。我们将在有关品牌亲和力的讨论中看到,与各种合作者公开分享品牌素材与工具的行为将确实帮助组织扩大其影响范围并增加品牌接触点。

受众通过与组织的每一次互动体验感知品牌的外部形象。正如林肯表演艺术中心(Lincoln Center for the Performing Arts)负责品牌与营销的副主任彼得·达芬(Peter Duffin)所说,"当我们思考品牌时,的确是从赞助者及其他受众,如艺术家和董事们的认知角度来进行考量。我们考量所有与受众共同拥有的接触点,所有这些接触都是与赞助者建立密切关系的机会,都是围绕着与林肯中心的互动展开的"。

组织有时会过度关注外部形象,花费时间和资源去塑造并控制它以提升其能见度,尤其是在仍采用旧的品牌范式的情况下。绿色革新(Greenovate)的创始人兼 CEO 米赫罗·贺拉丁(Mihela Hladin)解释说,这将越发成为一种资源浪费。"在中国,环境变化如此迅速,以至于你说什么越来越不重要,重要的是你实际做了什么。"

传播给不同的受众

在非营利领域中，建立品牌的复杂之处一部分在于，单个品牌必须应对多样和广泛的外部受众。他们中可能包括受益者、捐助者、员工、志愿者、合作者、支持者以及公众。对于许多非营利组织领导者而言，应对不同的受众往往十分困难，但归结到单个品牌又显然不合理。因此，当组织为不同的受众提供不同的品牌识别时，情况将变得混乱并将导致从根本上对组织的误解。

许多管理者承认，他们向不同受众强调品牌的不同方面。哈佛肯尼迪学院的克里斯汀·莱茨指出，在传达持续的组织识别与品牌以及应对不同受众的过程中，总会产生内在矛盾。"我认为非营利组织有时在思考来自不同受众的反馈时显得有些精神分裂。当面对受益者时，他们想变得谦逊而具有服务意识；面对捐助者时，他们需要充满竞争力。因此，他们在兜售自身和塑造正确的形象间徘徊。"

天使之愿（Angelwish）是一家通过向患有慢性病的儿童及成年人进行馈赠、提供心理及教育帮助的非营利组织，其创始人兼 CEO 希米·梅塔（Shimmy Mehta）描述了在面对不同受众时管理品牌的矛盾。"起初，品牌并不是一个重要的角色。我们选择了'天使之愿'这个名字，因为它听上去不错且我们可以与其共同成长。然而，基于不同受众，品牌会拥有不同的含义。"她解释道，"天真的儿童有时被称作天使，有时天使则是捐助者。"

非营利组织必须了解所有受众的需求并致力于寻找共性，这一行为建立在与不同受众产生共鸣的使命与价值观基础上。我们相信，这些组织应当通过品牌民主化创造一个单一的、定义完善的品牌识别，并将组织当作一个整体。当组织实现品牌完整性时，局部就可以适当地灵活地处理。无论有心或无意，塑造不同的品牌识别都是错误的。一个聚焦明确且拥有差异性的品牌应当基于使命和价值观，以及单一的价值主张。正如先前章节所述，不同受众间的连续性是品牌资产的驱动力之一和强大品牌的创造者。聚焦于组织的信念，并通过使命与价值观的形式，不仅能够吸引大范围的受众，且显得更加真实。诺维-希尔兹利将其称为"追寻内心的呼唤"。

PATH 的主席兼 CEO 史蒂夫·戴维斯（Steve Davis）与我们的意见一致。我们都相信"品牌完整性对于项目型基金这样的大型非政府组织而言尤为具有挑战性。对组织的认知取决于你摸到了'大象'的哪个部分"。但是我们都知道，品牌完整性的难以实现并不意味着不应当努力实现。关注同行业的竞争力与价值观将使组织找到跨越不同项目和计划的统一主题。例如，在细致地审视目标对象之后，向不同受众传达品牌对于福特基金会的员工来说变得简单起来。如马尔塔·特里亚多所说，"有的东西能够团结所有受众。我们的工作有关社会变革，因此共同的元素就是我们的受众，如受让人、公务人员、政策智库等，都是社会变革的创造者。明确这一点着实对我们很有帮助"。找到统一主题并努力为组织创造持续的品牌形象对于实现品牌完整性、创造凝聚力和信任十分关键。

品牌识别与品牌形象的一致性

当一个非营利组织的内部品牌识别、外界品牌形象与其价值和使命保持一致时，品牌最为强大且发展被看好。我们将此一致性称为品牌完整性。通常，品牌完整性通过反复的过程实现并维持，这确保了外部认知与对品牌的内部理解相匹配。正如威尔·诺维-希尔兹利描述的那样，"项目在有效地执行过程中，品牌就是组织战略与外部沟通之间的桥梁。不要以为你能在没有合理战略的情况下做好品牌化或沟通工作……你在沟通中见到的一切在战略问题中都有对应。它们正是品牌战略问题"。

事实上，通常是内部识别与外部形象的不一致导致了许多非营利组织的品牌重塑问题。使命、价值观、品牌形象、品牌识别的一致性带来了高度的品牌完整性。品牌完整性帮助组织内部建立凝聚力并增进非营利组织与其合作者、受益者、参与者与捐助者之间的信任。

当 PSI，一个致力于提升发展中国家贫困人口健康状况的组织进行品牌审计时，发现外部与内部的品牌认知存在不匹配现象。凯特·罗伯茨解释道，"我们被看作独行侠，这让我们十分惊讶。还有人认为我们不吝花费，然而却并非如此——实际上我们是这一领域中成本效益最好的组织之一。但是，我们的高效率和高速度产生了一种我们肯花钱的错觉"。这两个来自外部的误解成就了该组织四个品牌支柱——紧密合作、速度与效率、规模与测量以及持续改进。

品牌识别与形象的一致性始于对品牌识别的定义，并形成了一套基于现有品牌形象进行重新定位的方法。CARE USA 的前营销与沟通副总裁亚当·希克斯（Adam Hicks）回顾了身为总裁兼 CEO 的海伦妮·盖尔（Helene Gayle）是如何规划有关品牌重新定位的内部讨论的。"海伦妮·盖尔督促项目领导层回答'什么会因 CARE 的存在而发生改变'这一问题。答案指出处于贫困边缘的女性是我们关注的焦点，于是我们就将这些女孩和妇女作为项目的定位。"希克斯相信重新定位带来了更高的品牌完整性——组织的工作、使命与形象都保持了一致。

在其他案例中，识别与形象的一致性来源于对关键受众认知的深刻理解。我们曾在第三章中讨论过市民冲突中心的品牌重塑行为是如何吸收了来自外
77 部利益相关者的意见并让识别与形象重新达成一致的。对于莎拉·霍列文斯基而言，品牌重塑行为带来的远远不止新的名称与标志。识别与形象的一致性可以直接从非营利组织的变革中观察到。在将自身视为政策建议组织的情况下，它们重新设计了网站，更多地体现专业性和政策导向性，并用图像直观地展示其尊重人权的价值观。他们还重新审视其筹款行为，辨别出那些对其理念系统和政策建议感兴趣的支持者并改变了直接通过信件联系的方式。霍列文斯基指出，这一过程带来了新的认知，即"他们真正在与有能力的人们一同工作——从军方官员和政策制定者到联合国机构和市民自身。（对外部形象的）研究注入我们的使命并帮助定义和理解我们的受众与合作伙伴。如今，我们在对自身的认识——我们是谁、不是谁上更加自信了"。霍列文斯基解释

道，"这让我们很好地关注并巩固我们的内部品牌识别。我曾经很纠结如何表述我们所做的事情，现在则非常清晰，我喜欢这种自知的感觉"。

品牌重塑计划通常由这些组织发起，它们出现的问题往往是组织的最初关注点，如品牌识别，包括组织实际所做的事情，已经变得与品牌受众观念中的外部品牌形象不一致。识别与形象一致性的缺失可能导致混乱，并削弱品牌资产。彼得·贝尔在经历过 CARE 的工作后指出，"减少 CARE 内部对品牌识别的认识与外部沟通行为间的差异"是实现 CARE 品牌"完整性"的关键环节。

将品牌识别与形象一致化的目的是从根本上理解组织到底是谁、是什么和为什么。城市创新合作者（Partnership for Urban Innovation）的顾问与创始人威尔莫特·艾伦（Wilmot Allen）指出，吸纳外部成员是连接内外利益相关者认知，并共享品牌所有权以建立"与支持者同呼吸"的关键。通过吸纳不同受众产生的一致性最终提升了一个组织达成使命的能力。加拿大基督教青年会（YMCA）的梅根·雷迪克这样解释她的经历："我们需要让形象变得独特，并统一我们的行为与他人对我们的认知。我们感到为了传递高质量的服务以达成使命，我们需要聚焦于我们的主张和目标。"

我们将在第八章中进一步讨论一致性，它是一个持续的过程而非一时的行为。一致性意味着组织真正去做它所说的事情。我们相信，品牌完整性的这一部分将成为组织的一种问责机制。接受来自外部受众的声音对于传达内部对品牌识别的理解而言十分重要，并且产生了一致性。认知会随着时间变化，组织文化、使命、战略也是如此。因此，接下来的讨论依然是关于品牌的完整性。

78

品牌完整性支持制定决策

许多与我们进行交流的人从项目和沟通的角度解释了品牌完整性是如何帮助他们决策的。当品牌连接并反映组织的战略、使命和价值观时，它就成为决策的过滤器，保证组织完整地实施品牌战略。

在人类联合组织（Humanity United），战略沟通副总裁迈克·布瓦耶（Mike Boyer）将品牌描述为"组织内部的北极星"。人类联合组织是奥米迪亚集团（Omidyar Group）建立的众多独立基金之一。"我们的品牌不止让员工有自豪感，还将我们的工作置于整个奥米迪亚集团慈善组织的大背景之中。"对于许多使命的包容性较强的大型企业来说，是价值观和其品牌的完整性，形成了统一的主题，把相对独立的机构连接起来。

将品牌看作北极星，或如 PATH 的史蒂夫·戴维斯所说的品牌是"道路上的白线"，都指出品牌能够帮助组织坚守其使命。塔夫茨大学范恩斯坦国际中心（Feinstein International Center at Tufts University）的彼得·沃克指出，强大的品牌能够划分工作的边界和联盟的范围。"品牌让你了解限制在哪里……它更像是使命陈述的补充。如果走过了，品牌就被扭曲了。"

我们听到一些受访者表示，品牌帮助他们明确什么样的计划与使命相匹配，以及什么需要被重新统一起来。儿童基金会（Childfund）的安妮·戈达德解释道，品牌重塑"让我们明白是否需要保留基金组合中的'配菜'。一旦我们确定了战略和品牌，包括核心成果与工作方式，我们就知道这些部分应当如何匹配。一些项目被取消，虽然它们很棒，但不再与品牌相匹配"。

79

品牌完整性还能够帮助组织辨别需要哪些项目来达成使命。戈达德描述了她在最近的品牌重塑过程中如何观察到这一点。员工被鼓励通过创新性的方式思考品牌存在的意义，将儿童的体验置于工作的中心。结果他们提出了许多新点子，体现出组织的价值观并有效地支持了使命和品牌。

我们也了解到品牌是如何帮助组织在核心主张或价值观受到挑战的情况下完整地进行传播的，其中包含接受谁为捐助者、谁将代表组织发声、如何回应不同的伦理问题，以及在沟通中使用怎样的形象的决策。当品牌反映了组织的核心价值观时，组织将很容易发现可能延伸品牌的潜在冲突或问题。组织是否应该接受来自一个加剧组织正在试图改变的社会问题的合作者或公司的资金？是否应该涉足其核心使命之外的领域去帮助一个合作者？这些依然会是具有挑战性的决策，但品牌会帮助组织明确这些问题。把品牌当作指南针使用能够保证以组织的使命和价值观为中心，以解决潜在的冲突为路径。

大赦国际最近在品牌重塑的过程通过小黄书——《品牌管理指南》来传播组织的核心价值观。这些价值观并不只是抽象的，它们是品牌的一部分，在日常的决策中发挥作用。例如，大赦国际的员工设计出一个类似脸书（Facebook）的网站"僭主之书"（Tyrannybook），人们能够在上面建立僭主的档案并加以评论。另一项设计是一款名为"防弹"（Bulletproof）的 App，显示了一个被拖去枪决的囚犯——该游戏的目的是阻挡来自行刑队的子弹以解救罪犯。大赦国际的品牌与为其全球识别所做的工作帮助组织认识到这些计划是否合适。它们吸引了许多新的受众，但这些设计并非都与组织的价值观相一致。最终，"僭主之书"被放弃了，而"防弹"被保存了下来（Stone，2011，p.6）。

在睿智基金中，"看到一个没有贫穷的世界"的想法指导组织在其网站和印刷材料上选用哪些图片。雅丝米娜·扎伊德曼表示，基金会选择那些"骄傲与尊严"的形象而非"穷困潦倒者"，并没有通过展示让人怜悯的照片的方式来激发捐助者。

拯救红杉联盟（Save the Redwoods League）通过其品牌工作传达出的价值观还指导了非营利组织的决策。当新闻中指出加利福尼亚州公园并未上报那些可能被用于防止公园倒闭的资金时，许多人表示了愤慨。詹妮弗·贝尼托－科瓦尔斯基解释道，"一些成员对州公园的近况感到愤怒，但我们想要积极面对。我们的品牌将人们聚集在一起，指导人们如何行动、与思维相似的人或组织合作并寻找最终能够保护红杉林的方法"。该品牌在获取正确的信息、正面鼓励以及确认是否继续合作方面十分重要。"我们需要有积极的态度和大局观，因为我们的目标是保护红杉林。"

类似地，当影响红杉林的问题出现时，品牌就会指导组织如何进行应对。当加利福尼亚州交通局［California Department of Transportation（Caltrans）］提出一个会影响理查德森森林中红杉生长的高速公路计划时，利益相关者希望组织能够声明对该项目的反对而不是观望。"我们没有声援任何一方"，贝尼托－科瓦尔斯基说道，"我们是一个聚集大众的组织。我们可能会受到质疑或批评，但将坚持我们的立场并做出我们认为正确的决策。"

80

品牌完整性不仅会提升组织的凝聚力和信任感，其清晰的形象和聚焦的战略还会帮助组织进行决策。当品牌反映组织的战略、使命和价值观时，组织将更有效地做出有关资源配置、项目取舍及合作关系的决策。然而我们将在下一部分中看到，达成或努力提升品牌完整性并非是缺乏挑战的。

对完整性的挑战

品牌完整性是动态的。由于外在环境的变化与组织内部条件的发展，非营利组织必须对其进行适应以保持一致性。尽管组织的价值观或许不随时间而改变，但组织的项目、品牌识别与品牌形象乃至使命却会发生变化。我们81的受访者重点强调了几个在统一品牌识别与品牌形象上的挑战，其中包括形象滞后于识别的应对、聚焦于使命的平衡响应能力以及抵御来自声望和曝光度的诱惑。

形象滞后于识别的应对

组织需要时间去改变其品牌识别，使其与品牌形象保持一致。这在那些运营了很长时间且项目发生了很大变革的组织身上体现得尤为明显。外部利益相关者通常会对组织当初的形象印象深刻。尽管品牌识别可能更接近调整中的目标和项目的关注点，在外部受众观念中的认知却还停留在当初。组织需要认识到滞后的存在，不过领导人与员工也不必在评估显示出不一致时就沮丧——改变需要时间。应对形象滞后于识别导致的不一致性反而为将外部利益相关者纳入讨论并发展品牌完整性提供机会。

聚焦于使命的平衡响应能力

我们已经指出了听取目标受众的需求并应对市场变化的重要性。同时，我们鼓励组织去了解自身并坚持关注其使命和价值。有时，这将为组织带来一个困难的平衡选择。如自由作者、非营利组织顾问杰布·古特利乌斯（Jeb

Gutelius）所言，"捐助者喜欢被倾听，同时也希望发现组织有自己的方向"。倾听受众与保持自我之间存在着矛盾与平衡。我们意识到矛盾是存在的，每个组织必须承认它并在管理品牌识别与品牌形象间的动态一致性时纳入考虑范围。

抵御来自声望和曝光度的诱惑

一些组织会为了建立强大的品牌形象而"沉迷于"声望和曝光度。倘若品牌工作更多地关注创造曝光度、认知和声望而非达成使命或实现品牌完整性，组织就会面临失去受众信任的风险。世界厕所组织（World Toilet Organization）的创始人兼 CEO 杰克·西姆（Jack Sim）向我们描述了他们过于关注推广自身而非解决问题时遇到的风险："组织会沉迷于声望和曝光度，一切工作都围绕这些虚名而忽视任务和使命。这正是我们把名字写为公共厕所（Donated Latrines）的原因。对曝光度的追求并不总是推动使命的达成。"陈旧的筹款范式会驱动组织关注增加曝光度，但将会对组织使命的达成和整体影响不利。过于强调组织的品牌曝光度还可能会导致丧失良好的合作品牌，对不同外部利益相关者感知组织的方式产生消极影响。

82

总 结

让识别与使命、价值观和战略保持一致为组织创造了内部凝聚力，即内部成员充分理解组织的"谁、什么和为什么"。为了达成内部识别与外部形象的一致，组织需要来自不同受众的意见。正如我们在先前有关品牌周期角色的章节中所述，一致性提升了外界信任并最终带来更大的使命影响力。营销沟通经理马丁·劳埃德（Martin Lloyd）解释了绿色和平组织在阿根廷是如何得到信任的："人们了解到我们忠于自己的信念，我们不会产生腐败，也不会被收买。我知道我们坚持自己的主张，而在现在这个充满腐败、缺乏法规的社会中，这样的做法为我们带来了许多朋友——大量的朋友，也带来了强有力的竞争对手。反过来，这让我们创造出广泛的影响力并保证了在森林保护上的一些重大胜利。"

完整性是一种存在状态——品牌识别与形象在内部与外部的受众中都是持续的。这样的持续性与一致性支持着更好的决策，因为品牌能够帮助个人与组织明确存在的问题和做出适当的选择。一个强大的品牌会成为一种问责机制，确保组织言行一致。正如安妮·艾达德所说，"我们的品牌重塑过程全部围绕完整性并将我们的使命、品牌与核心价值观统一起来。我们致力于推动完整性，你所看到的也就是你所得到的"。在下一章中，我们将论述的是如何通过品牌民主化这一过程实现品牌完整性。

第六章　品牌民主化

　　"品牌民主化"一词描述的是一个组织将其董事会、员工、会员、参与者、志愿者、支持者与其他利益相关者纳入定义与沟通品牌识别过程的程度，它是一个组织实现品牌完整性的路径。品牌民主化由三个方面组成：首先是定义品牌识别的参与过程；其次是组织观念的改变——将其内部与外部利益相关者视为品牌大使和传播者，它同样包括沟通上的改变——从单方面的传达到真正实现互动性参与的过程；最后是从对组织品牌的控制和监管到通过指导、工具和模板化的更加民主化的沟通方式的转变，并在允许的范围内保持适当的灵活性。

　　品牌民主化与品牌完整性是紧密相连的。参与性过程通过吸引内部与外部利益相关者定义品牌识别来帮助建立品牌完整性。同时，品牌完整性赋予组织品牌大使，并强调品牌指导以取代对品牌的控制。品牌完整性让组织确信品牌是强大的，且不会在品牌民主化的过程中被弱化或绑架。当品牌目标聚焦、形象清晰并被所有人正确地理解时，领导者会发觉鼓励人们各自独立地宣传品牌变得更加容易。形象清晰的品牌无须严格地控制和监管，可以通过提供指导和相关原则来代替。关键在于将品牌的使命与组织的价值观相统一，因而所有的沟通过程都会服务于这一使命和这些价值观。

　　我们清楚地看到，社会化媒体的井喷正在推动品牌民主化的进程。沟通无所不在，而组织可能浑然不知。公众可能不是组织的代表，但同样可以在组织品牌的沟通过程中发挥作用。品牌民主化的过程恰恰反映出组织利用社会化媒体的力量来推动向新型品牌范式的转换，原来守旧的、严格的品牌范式已不再适用。

参与性过程的实施

广泛参与的理念是品牌民主化概念的核心。品牌民主化让利益相关者参与到有关品牌识别的讨论之中，在内部形成一个更加清晰的、共享的品牌认知，并在之后通过持续而真诚的方式向他人描述和传达。这样的参与过程不仅让所有人对品牌识别有共同的认识，且为庞大而分散的组织带来了凝聚力。

支持者、捐助者、公司、政府代表、基金会以及员工都参与到了儿童基金会审视其核心内涵、使命、成果、价值观以及品牌的工作中。安妮·艾达德对于新品牌和战略产生的路径及其积极的成果十分惊讶，她将其归功于组织那充满参与性与综合性的方式。Barakat 在品牌重塑的过程中邀请了众多相关者的参与，昂哈·奇尔德里斯就此指出品牌重塑是"一个让所有内部利益相关者与外部捐助者参与进来，学习和讨论 Barakat——我们是谁、我们在做什么的过程"。

对于纽约的林肯表演艺术中心而言，其对于物质环境的重新设计正是表现了它的品牌重塑过程。组织对物理空间的改变包括扩大校园——在根本上鼓励更多的参与。彼得·达芬解释道，"我们想要扩大校园，将艺术中心的生活融入社区生活之中"。开放性被纳入组织的品牌重塑过程中，并最终融入了新的品牌。

利益相关者的参与对于理解不同的品牌受众，并在彼此之间建立联系非常关键。在缺乏真实数据，无论来源于焦点小组、在线调查或更严谨的分析的情况下，对品牌的认知都只能基于假设。数据往往能够带来真实性并使品牌更加接地气。因此，对于统一识别和形象、重塑品牌的工作来说，收集关键外部受众认知的数据就显得尤为重要。

网络与附属组织同样能够通过参与性的方式进行品牌管理，尽管需要花费更长的时间。这些机构需要在跨组织的水平层面和组织内部的垂直系统中融入品牌民主化。社会风险投资伙伴（Social Venture Partners，SVP）是一个由 30 家自治组织构成的网络，每个组织都有着双重任务——投资和教育，投资非营利组织并指导合作者在慈善事务中发挥作用。该组织通过网络合作达成了对组织个性与品牌识别的共识。"整个过程涉足广泛"，沟通总监伊丽莎白·本尼迪克特（Elizabeth Benedict）解释道，"我们知道这将花费很长时间、涉及很多人。我们的工作是去寻找真实的自我并通过故事传达我们的目标与热情。"

尽管任何组织都需要花费时间来实施参与性过程，我们相信组织在过程中获得的收益不比成果本身少。参与是品牌民主化的核心，帮助组织建立内部凝聚力和一个更具有代表性与真实性的品牌识别。本尼迪克特根据她的经验总结道，"这与接受程度息息相关。我们想要网络化的展示，因此将来自网络的各路精英聚集起来成立了品牌联络人团队与任务执行团队，他们彼此信任并努力工作。该过程的一部分是彼此建立联系并倾听他人，真正做到这一点，是需要时间的"。

建立共识同样是美国乐施会（Oxfam America）品牌重塑工作中的重要部分。"在开展品牌工作时，员工能够获得'对该过程的深刻理解——你在创造一个品牌，这可不像卷窗帘那么简单。我们是一个由共识推动的组织'。"沟通与社区参与高级总监雷切尔·海因斯（Rachel Hayes）解释道，"人们需要感受到他们被告知、咨询，他们想要表达自己的观点"。这样的参与过程帮助组织强化了文化和价值，建立起内部信任并壮大自己的品牌。

对特奥会（Special Olympics）而言，参与是品牌重塑工作中的关键部分。该组织建立了一个指导委员会，代表不同的项目和利益相关者——运动员、志愿者、领导者、地区，并采取十分民主、透明和限期的方式。克里斯汀·苏乔·赛克勒就考虑地方教练、家庭与志愿者的需求这一点的重要性说道，"我们通过这一过程学到的内容之一便是我们的品牌根植于地方民众"。通过获取地方和组织内部各处的信息，特奥会的品牌重塑过程成了其他组织可资借鉴的标杆。赛克勒说，"人们采纳了我们的工作方式，我认为其原因是他们看到了这对我们的品牌工作多么有用。如果内部利益相关者真正参与到我们的工作中，会获得更大的成果"。

马尔塔·特里亚多描述了广泛参与在福特基金会中的重要性。"我们参与的过程包含了员工、受益者及董事会的讨论和反馈。他们不能置身于品牌塑造的过程之外，而必须成为其中的一部分"，她解释道，"他们的观点和参与非常重要。"

品牌民主化并不强求每个利益相关者的介入和对品牌投赞成票。高层管理必须规范这一过程并定义如何及何时需要他人的参与。公开支付（Publish What You Pay，PWYP）的国际总监玛瑞克·范·里特（Marinke van Riet）就在最近遇到了这一问题。PWYP 是"一个为实现公开和可信的开采领域而形成的国际民间组织网络，推动油气与矿物资源为资源丰沛国的人民创造福祉"。该同盟在 2002 年由 6 家组织形成，并在之后的 10 年中扩大到来自 59 个国家的 680 家参与组织。该组织意识到重新评估其使命和品牌的需求，而范·里特面临的关键问题是"我们的品牌还能够涵盖我们的行动吗"。网络的发展意味着组织不再拥有共同的品牌识别，这一点通过内部和外部有关组织如何被同盟者、合作者、现在的和以前的成员认知的评估清楚地展现出来。范·里特利用了品牌 IDEA 框架来管理并指导组织品牌和战略的重新设计过程。实现品牌完整性需要一个同时考虑到识别、形象、战略和使命的路径。鉴于组织的多样性，广泛的参与并不容易实现，但支持并帮助定义组织的四大战略支柱及共享品牌识别的努力却是不可或缺的。品牌化成了战略发展的一个重要部分，正如范·里特所述，"战略发展过程让我从阿拉木图到恩贾梅纳、从马普托到达喀尔、从美国到挪威，在每一处都积极参与并形成了 20/20 版的晋级路径图"。这一版本描述了该组织 2012~2015 年的战略并展示了其变革理论、经营原则、合作标准、品牌指导以及治理结构。

对于一些组织而言，由利益相关者组成的委员会进行的深度参与或许是好的；而对其他组织，采用小组工作模式并在之后征求反馈意见和建议可能更为合适。组织需要考虑如何保持过程的高效同时吸引那些能做出贡献的人。有关品牌的讨论越具有包容性和协作性，接受度就会越高，这一过程就会持续更长的时间。

重要的是，我们要重申这一过程应当吸纳内部和外部公众。我们看到了更多组织获得不仅来自捐助者更来自受益者的参与，以塑造他们的品牌识别。扩大受益者的参与，在我们看来，将会创造更强的品牌。女孩效应（The Girl Effect）是一项推动消除女孩贫困问题的运动，它积极地吸引支持者、合作者和受益者。"当女孩自己成为设计过程的中心角色时"，耐克基金会（Nike Foundation）的 CEO 兼主席玛丽亚·艾特尔（Maria Eitel）说，"还创造出了建立女孩间联系的机会。她们能够与别人进行分享及协作，最终自己解决问题"（Kylander，2011，p.5）。

赋权给品牌大使

品牌民主化的第二个部分关乎赋权品牌大使的决策，它是品牌民主化方式带来的最令人兴奋的成果之一，反映出有关组织如何看待其利益相关者及其品牌二者的新观念。

品牌民主化与鼓励参与定义和传达品牌，如让每个人都成为品牌大使有关。品牌完整性既是赋权品牌大使的前提，又是结果。当内部利益相关者（员工和志愿者）理解品牌并共享组织的使命和价值观时，他们发现真诚地传播品牌是一件容易的事。这些内部利益相关者越能够清晰而真诚地描述出品牌识别，沟通和品牌识别就会越有效且持久。品牌民主化可能始于吸引内部利益相关者，但它需要扩展到包含所有受众——志愿者、捐助者、受益者、合作者以及公众。正如盖茨基金会的汤姆·斯科特所说：

你必须先在内部正确地做到这一点，否则就不能在外部取得成功。雇员就是你的品牌大使。你可以将其视为许多同心圆。雇员离我们最近，我们需要正确地与雇员进行互动，因为他们是与所有外部利益相关者沟通的人。次近的群体是我们的合作者，而这两类受众是品牌外部表现的根本。品牌不需要有两张脸，你的品牌就是你的品牌，而你就是品牌管家。最大的挑战和机遇存在于内部的品牌观念之中。我们想要帮助人们理解并给予雇员正确的工具和信息以针对如何利用基金会的声音和资产更好地做出决策。我认为，这将带来一个更加开放的品牌。

类似地，福特基金会为员工、受益者及其他合作者提供有关有效传达福特的使命和价值观的指导。"我们尝试通过工作坊和全球员工的持续参与提供指导。我们最大的资产就是我们的人，而他们在世界各地扮演着基金会的大使"，马尔塔·特里亚多解释道，"我们要做的仅仅是承担起传达我们是谁和清楚地表达基金会使命的责任。"

鼓励人们成为品牌大使的第一步是让他们接受并内化品牌，相信该品牌的人会通过其工作和与他人的互动分享其信念。机遇基金会（Opportunity Fund）鼓励所有雇员成为品牌大使。"我们树立了每个人都是品牌大使的理念"，营销与沟通总监凯特琳·麦克沙恩（Caitlyn McShane）解释道。实现它的一种方式是询问内部利益相关者："品牌对你有什么意义？"发现对个人的意义能够确保沟通的真诚。允许人们拥有评价组织的自由是品牌民主化的重要一环。机遇基金会意识到每个为组织工作的人都在影响着周围。让人们时常谈论组织能够帮助扩散组织的信息。

诺亚·曼杜克还指出了授权的重要性——"员工、支持者和合作者将牢牢抓住你的独特性并代表组织对其进行宣传和扩散"，这需要一个持续的引导过程。"因为'说出你认为的'和'做你所说的'并不意味着你的员工或支持者全都理解了。"当员工和支持者相信并拥有品牌时，他们就能够更好地传达品牌。社会风险投资伙伴（SVP）还意识到赋权的价值。"涉及人的故事比涉及组织的故事更为重要。鼓励人们思考并享用品牌，并真诚地分享他们自己的故事对组织更好"，伊丽莎白·本尼迪克特表示。

位于美国田纳西州查塔努加市的公共教育基金会（Public Education Foundation）展示了品牌民主化是如何改变组织文化的。"我们曾经是十分封闭的，"分管外事的副总裁克里丝塔·佩恩（Christa Payne）说，"现在我们不是那样了，我们在美国国家公共广播（NPR）上发声、与记者进行交流；我们使用电梯演讲、咖啡杯和钢笔；我们印制了宣传品，重新设计了网站……所有我们几年前不可能采用的营销方式。我们为了提升接受程度做了所有这些事。现在，所有人都是品牌大使。"

随着品牌的一致性以及品牌含义的传播,员工和董事会感到品牌的内化在加强,并最终通过"与品牌同呼吸"而成为品牌最重要的大使。正如非营利技术网络(Nonprofit Technology Network)前执行总监霍莉·罗斯(Holly Ross)所说,"与员工和董事会一同建立品牌是我们成功的关键。组织鼓励员工与董事会成员定义他们与品牌联系最紧密的部分并将其作为描述品牌的基础"。品牌管理在总体上与品牌大使的赋权是密切关联的。

内部与外部利益相关者都是品牌的重要受众及传达品牌的关键群体。互联网让组织外个人分享观点变得十分容易,而人们正在越发依赖于公众分享的信息(评价及建议)。组织边界变得更为疏松,社会化媒体让所有人都成了品牌的潜在宣传者。结果,外界对传达品牌的参与度增加,使得控制品牌沟通变得极为困难。牛津大学斯科尔社会企业研究中心(Skoll Centre for Social Entrepreneurship at Oxford University)的战略和营销主任亚历克西斯·埃廷格(Alexis Ettinger)进一步表示:"在我们的网站、推特、脸书和 YouTube 页面上试图控制他人足迹的行为是不理智的。因此,虽然存在保持持续性和连续性的途径,大众依然会进行议论而不论你是否喜欢。"哈佛商学院的约翰·奎尔奇也指出,"组织并不拥有其品牌。它们的品牌为市场和受众所有。受众决定的品牌走向就会成为品牌的走向。我认为只有很少的非政府组织持有这一观点并真正明白社会团体的属性。这些组织将获得极大的成功"。哈佛肯尼迪学院的吉姆·比尔德纳支持了这一观点并补充说,"品牌的所有权从组织转移到了社会"。

林肯表演艺术中心最近对社会化媒体进行了实验并有效地建立了一个新的外部品牌大使群。"我们最近在巴黎歌剧芭蕾表演中进行的实验成为了一种有趣而成功的社会化媒体使用方法,"彼得·达芬说,"表演结束后,我们在脸书上发布了照片并与表演者分享。她们将其分享给朋友,告诉朋友她们错过了什么——简单而经济的方式带来了大量的接触和参与。这真是一次双赢。"

林肯中心意识到与关键受众的持续对话能够保持其品牌的新鲜度。

我们想要建立与赞助者的对话机制,因此我们正在寻找吸引人的最好的方式和工具。当我们重新推出品牌时，我们让人们通过社会渠道分享他们在林肯中心最好的体验与回忆。一些很棒的帖子出现了——有些人分享了他们在儿时与祖母一同表演的经历，或一些神奇的夜晚改变了他们的人生。事实上，我们打开了转折性体验的闸门，并再次确定我们的赞助者对于品牌充满热情，对品牌有深入的情感连接与共鸣。

91　　使用社会化媒体有许多好处，但同样需要真诚。盖茨基金会的汤姆·斯科特说道：

　　如果感受不到诚意或感到被过度管理，社区就会很快注意到这些。倘若你只用社会化媒体做自己的事，发布自己的内容，就不会获得他人的参与。社会化媒体的一个显著优势是容易被测量。有多少人"喜欢"你并不重要，你可以借此掌握大家感兴趣的对话发生在哪里，如何进行传播，什么人参与其中。社会化媒体帮助我们进行效果测量，做出反应，并组织有意义的对话。

　　因此，社会化媒体是实现品牌民主化的重要工具，对于吸引外部品牌大使而言尤为重要。它同样是推动从品牌监管向品牌指导转变的驱动力之一，而我们将在接下来的部分对其进行讨论。

使用指导原则 vs 严格控制

　　赋权品牌大使这一概念与推进对品牌指导和原则的使用，取代强制进行严格的品牌管理的观点紧密相连，这正是品牌民主化的第三个部分。在之前的部分中，我们讨论了这一转变是如何与社会化媒体日益重要的角色相关联的，这使得品牌控制不再可行。正如品牌完整性对赋权品牌大使的必要性，向更多的指导和更少的控制进行转变也是必不可少的。当品牌与使命、价值观、战略保持一致时，它将为如何表达和使用品牌提供明确的指示。在有关品牌完整性的章节中，我们谈论过这种使用品牌的方式，使其作为决策的指导并减少对正规控制的需求。

　　我们在采访中发现了许多案例，都表现出当遇到如何表达品牌这一问题时，组织更关注通过模板与工具进行指导而非控制。劳拉·桑切斯说，"当我在生活城市（Living Cities）工作时，我们意识到将不能再严格地控制沟通。因此我们转而集中于开发一套语音语调系统，提供整体指导和辅助工具，鼓励人们参与冒险和主动尝试"。这一指导系统通过多个渠道与品牌进行沟通，其中包括使用推特和博客。 92

社会风险投资伙伴（SVP）的伊丽莎白·本尼迪克特表示，"在当今社会，你不能总想着控制，并单一使用标语或信息，而是应该更多地展示你是谁这一本质属性，并为人们的表达真诚提供机会。我们正在努力开发一套能够简化我们工作的共享系统，届时的任何时候我们的员工或合作者的工作可以通过利用模板或工具变得简单明了。我们会被更多人接受并提升品牌的连续性"。

成长吧女孩（Girl Up）的前发展部主任爱丽西娅·邦纳·内丝（Alicia Bonner Ness）表示，组织的青年咨询委员会与"成长吧女孩"俱乐部"被赋予了提升问题意识并推广品牌的任务"。组织仅对员工和冠军们的谈话进行，但"必要的限制是有的，组织鼓励冠军们根据自己对品牌识别的理解进行网络推广——我们并不想尝试过于细致的管理"。

那些既想保持声音的一致性又想鼓励个人自主表达的组织需要寻找一个平衡点。美国乐施会的雷切尔·海因斯解释说，"我将把我们为全球品牌识别所做的工作称为'制作书立'——书立是我们品牌的边界。在这些边界内，每个个体都能够上传或下载适合地方市场的特定信息，但他们又将在整体上保持外观、声音、图像标准等方面的统一，因而我们就传达了同一个品牌"。

在品牌管理中使用指导、工具、模板和原则为区域或地方办公室或附属机构提供了更大的灵活性，以适应与当地环境间的沟通。品牌管理更多地与提醒和为品牌沟通提供反馈与支持相关，而非监管和控制。将品牌表达为一种观念和形象而非仅仅使用文字也能够提供更大的灵活性，让品牌适应地方文化或条件。

社会化媒体代表着一条通过更民主的方式进行探索的道路。例如，希腊前沿（Forward Greece）就极为依赖社会化媒体与广大受众进行接触。同时，这也为明确组织的发展方向带来了更多的参与。组织创始人帕纳约蒂斯·韦拉凯奥斯（Panagiotis Vlachos）解释说，"社会化媒体伸展了你与人们的接触面。它给予人们参与的机会，调整政治观念和议程，通过参与贴近社会并成为其中的一部分"。有趣的是在这一案例中，社会化媒体成为一种机制来支持参与过程，这一作用和品牌大使类似。

社会化媒体还是新方式的实验田。凯特琳·麦克沙恩表示，在机遇基金会，通过社会化媒体进行沟通是品牌实验的途径之一，并"让我们的品牌变得轻松了一些"。出版物会对项目及其影响进行解释，但社会化媒体带来了更多亲切的信息。"这比传统信息的力量大多了。"

这些方式显示，沟通正在日益变为双向而非单向，为受众提供了更多参与的机会。在此环境下，衡量不同信息的影响力也在某种程度上变得更为容易。组织可以应用工具分析对话传播的途径，什么样的信息会产生杂音以及哪些信息间相互关联。

在社会化媒体平台上保持凝聚力并不总是一件容易的事情。"许多人在脸书上感到抓狂，因为那上面有成千上万个有关特奥会的页面，而非只有一处，"克里斯汀·苏乔·赛克勒解释说，"最后我们意识到需要设计一种传播战略紧紧围绕我们的良好表现和热情洋溢这一事实。与其控制不如引导，让这种热情得到释放，但是以对组织有益的正能量的方式。"通过运用现有的沟通渠道，组织借助社会化媒体成就了一批积极表达对特奥会的兴奋感与自豪感的品牌大使。"我们并没有花费多少，但我们拥有了数百万的粉丝。我们鼓励人们走出去讲述我们的故事，就像他们自己的一样。"

当然，并非所有在社会化媒体上传达的信息都对组织有积极意义，组织也担心批评言论的迅速扩散。然而来自"成长吧女孩"的内丝发现，社会化媒体的负面评价并没有很大的影响力；即使这些讨论被网民炒热，也很少会带来强烈的反应。"那些评论只是存在于页面上，与你着力发布的重磅信息不同。"总而言之，他们的经验是积极的。"我们发现社会化媒体对组织的目标人群有着较高的曝光度，当负面认知出现时其风险并不高。"其他组织则发现，批评者在社会化媒体上的负面评价会很快收到来自组织支持者和外部大使的回应。孩子的免费午餐（Free Lunch for Children）的案例正是如此：当一位网民认为组织犯了一个错误时，支持者很快进行了强硬的回应，驳回这一说法并要求出示证据。批评者最终承认了自己的错误并发布了对组织及其支持者的道歉。当一个组织在品牌完整性和品牌民主化的帮助下运营时，来自社会化媒体的错误声明或误解经常会由外部品牌大使（利益相关者和支持者）来解决，组织并不需要做很多。

民主化的挑战

实现品牌民主化具有挑战性，但我们相信品牌民主化带来的组织凝聚力和品牌完整性两方面的好处都大大超过了所要花费的时间和努力。我们的受访者指出了三个主要问题：克服品牌内部怀疑论、避免品牌无序化以及获得组织支持。

克服内部品牌怀疑论

在组织内部克服品牌怀疑论是在非营利组织中实现品牌民主化将要面对的第一项（也可能是最困难的）任务。如我们在第四章中所述，品牌怀疑论其实是对品牌角色的过时认知。理解范式转换能够帮助人们开释这些怀疑。在第三章中讨论的内部品牌化是引导怀疑者加入到有关品牌、品牌角色、品牌识别的讨论中的一种途径。在研究中，这样的情况并不少见，一些参与度最高的品牌大使最初可是风凉话最多的怀疑者。

避免品牌无序化

一些人担忧品牌民主化将会导致外部形象和认知的持续性下降，因为每个人都开始通过自己的方式来谈论品牌。其他人则认为广泛的参与过程将不能带来集中的品牌识别，因为许多内部（以及外部）成员出现分化，并在"谁、什么、为什么"的观点上产生摩擦。特奥会是一个打消这些担忧的绝佳案例，特奥品牌的一致性减少了品牌无序化的程度。正如克里斯汀·苏乔·赛 95

克勒所说，"在重新统一过程前，人们都很纠结：每个新点子都带来一个新的标识"。视觉表现并不持久，内部利益相关者也在如何谈论组织方面产生了混乱。特奥会通过民主化过程构建了一套品牌指导理念并应用简单的模板和工具，在实际上增加了组织的独特性和持续性。为了品牌民主化的实施，组织必须在品牌识别上拥有独特性并为品牌完整性而努力。那些实施品牌民主化却不能建立清楚的品牌识别的组织可能会陷入品牌无序化的状态。在第八章中，我们将提出一些有关接受参与并提供指导和工具的建议和案例，它们能够帮助应对这种状况。

获得组织支持

为了实现品牌民主化，获得董事会与执行团队的支持和接受是十分必要的。来自上层的持续承诺能够帮助建立真正的参与性过程所必需的文化。经常雇用新员工的组织总是难以找到新的方式来教导现有员工并保持他们的参与感。一些组织担心利益相关者会感到厌倦而退出下一次"品牌会面"。然而品牌，正如它在新范式中被设想的那样，是每个人工作的一部分：它让组织的使命具象化并帮助组织施加影响力。在内部，它还能成为自豪感的来源。让品牌成为每次讨论和会面的一部分，而不是将其作为一个需要单独处理的话题，这样能够让每个人都自然而然地参与进来。倘若组织的领导者能够让品牌成为其观念中不可或缺的部分，他们就成了样板和标杆。

总　结

品牌民主化对创造品牌完整性是必不可少的，而品牌完整性促进了品牌民主化的实施，这两者紧密地交织在一起。参与性过程既包括内部受众也包括外部受众；这超越了传统的内部品牌化模式并提升了组织凝聚力。正如诺拉·曼杜克所说，"如果品牌仅仅存在于体验发生的地方、工作进行的地方，它就不会得到公司营销资源的支持……你不能孤立地看待品牌，必须自上而下，在所有功能领域体现其参与性"。

　　拥有品牌完整性的组织将更容易赋权其品牌大使，从而提升组织能力。　96
内部员工对品牌深入而持久的理解，有利于决策的制定。参与性过程和对实
践的指导取代了严格控制，有利于建立组织凝聚力。

　　互联网和社会化媒体的发展扩大了外部品牌大使的选择范围。品牌民主
化的观念借助这一趋势，并意识到沟通的范式已经发生了改变。尽管驾驭社
会化媒体并不容易，但它在个体的动员和众包上潜力巨大，还将带来新的创
造性观念和更高的参与度。

　　赋权品牌大使创造了更多的外部信任。凝聚力和信任提升了组织能力，
让组织能够吸引捐助者、合作者和人力资源，使其与品牌保持一致并增强组
织的影响力。

第七章　品牌亲和力

本章将阐述品牌 IDEA 框架中的第三个概念：品牌亲和力。我们将审视品牌亲和力的驱动力和特点，并简要地描述不同种类的合作以及这些品牌合作获得成功的因素。品牌亲和力指一个组织为了最大化社会影响，将其影响力范围扩大至超越组织自身的方式。它代表了一种品牌管理的观念和途径，关注共享的社会影响而不是组织内的个体目标。一个表现出品牌亲和力的组织将认识到与他人合作以实现其社会目标的必要性并接受这一行为，这些组织还将拥有品牌完整性，清楚地定义其品牌识别和变革理论，并利用它们来选择合适的合作伙伴开展工作。通过与他人合作并推广品牌以支持合作、协作或行动，一个组织能够最大化其整体的社会影响。品牌亲和力是关于如何使用品牌在最大化社会影响的过程中使合作更加有效。

采用品牌亲和力的方式来管理品牌是积极有效的。在某些方面，品牌亲和力是品牌民主化思维的延续，将品牌与品牌资产的参与和获得扩大到传统组织边界以外并纳入一系列外部合作者。然而，品牌亲和力是一个更加复杂和涉及多方面的概念，比品牌完整性和品牌民主化更依赖特定背景并具有流动性。单一的品牌亲和力方式并不存在；相反，它可能存在于任何与其他组织的系列合作中、从单一的合作关系到多方的协作与行动。我们认为，品牌亲和力要求组织思考其品牌能够造成的、超越其组织工作本身的影响，包括更广泛的集体影响和社会影响。品牌亲和力需要信任，以及对开放性、灵活性和与其他组织建立合作关系的向往。

正如我们在介绍和先前章节中所说的那样，品牌亲和力与传统品牌原则中竞争性定位与通过提高组织内部能力以增加收入的理念相悖。相反，这一概念基于促成统一的社会目标。正如诺拉·曼杜克所言，"在社会领域中，品牌化的角色并非创造竞争优势，而是为定义独特的贡献和价值，以及为推动解决这些问题的进程的独特方式提供准则"。我们对此表示同意，同时也认为品牌化还能够为选择和达成合作关系提供规范。

品牌亲和力的驱动力

社会化媒体与沟通方式的发展是品牌民主化的驱动力，而品牌亲和力则有两个因素的支持：必要的合作与对外部社会目标的关注。我们将在这一部分中分别讨论。

必要的合作

品牌亲和力反映出组织在社会领域各方面合作、联盟与协作的发展。Yankey 和 Willen（2010）指出，这一现象来源于非营利组织逐步认识到不能单独完成其社会使命以及必须与他人合作以最大化社会影响这些事实。此外，筹款的变化与动荡的经济周期让协作变得更为急迫，尤其在越来越多的捐助者对协作提出明确要求的条件下。我们的受访者指出，捐助者通常倾向于支持协作而非单一的组织。

John Kania 和 Mark Kramer（2011）在最新发表的文章《集体影响》（*Collective Effect*）中特别强调了合作的必要性。他们在文章中写道，"简而言之，非营利领域常常采取一种我们称为独立影响的运营方式，定位于在单个组织内寻找解决方案并进行资助，同时希望最有效的组织能够成长或被复制以产生更广泛的影响"。然而他们也表示，"尽管这一方式非常普遍，并没有足够的证据表明独立计划是在当今复杂和互相依赖的世界上解决许多社会问题的最佳方式。没有哪个单一组织能够为任何主要社会问题负责，更不用说解决它们"（p.38）。

许多受访者响应这一观点。恩派公益组织发展中心（即公益组织孵化器
Non-Profit Incubator，NPI）副主任李丁（Li Ding）指出，"非营利组织无法单
独实现成功，而必须与许多其他组织，包括它们的受益者进行协作完成任
务"。有趣的是，这一声明的后半部分还对品牌民主化及外部利益相关者的参
与表示了支持，让我们开始意识到品牌民主化与品牌亲和力两个概念是相关
的。曼杜克表示，"没有组织能够独立完成任务。这个世界上最大、最复杂的
问题需要多领域、多方合作、多平台的解决方案来实现系统上的改变"。尽管
许多非营利组织已经逐步理解没有组织能够单独解决重大社会问题的事实，
但是仅有少数组织开始系统化地利用品牌吸引和推广合作。曼杜克总结道，
"能够将品牌作为战略资产使用，来促进而不是迁就合作是极为重要的"。我
们已经在第三章中说过，品牌识别、变革理论、差异化与定位的独特性对决
定与谁合作、如何合作十分关键。在此，我们将明确指出：我们的基本假设
是协作将带来更大的影响力，而品牌亲和力就是关于如何利用品牌来支持这
些协作。

对外部社会目标的关注

许多非营利组织拒绝竞争。Oster（1995）指出，它们在历史上就采取更
多协作而非竞争的方式。如果我们跳出传统筹款思维来看待品牌管理，就能
够更完整地看到与分享共同目标的组织展开协作的效用和价值。在采访中，
大量非营利组织相信它们没有竞争对手，只有合作伙伴。

100　　　所有非营利组织的愿景和使命都集中于本质上具有社会性而非纯粹组织
特定的目标和客观目的之上。在营利性公司中，最终目标（通常是经济上的）
具有组织独特性和内部性，包括收入的增长以及利润与市场份额的提升。相
较而言，非营利组织的终极目标（如拯救生命或提升人们的生活质量）位于
组织之外，而它们的内在目标通常围绕组织能力和资源，仅仅是达成目的的
手段而非目的或目标本身。与营利实体的组织目标通常和组织相对于竞争者
的成功相关不同，非营利组织关注那些只能通过其他组织帮助实现的外部目
标。因此，为了达成目标而实行的品牌管理在两个领域内存在本质差别。不

同于营利组织，非营利组织需要将其品牌定义为推进共同目标以及在某些时候获得对特定变革理论的支持。这并不意味着非营利组织不需要保持品牌差异化和独特性。事实上，它们可能需要更多。这意味着非营利组织可以利用它们基于清晰的品牌识别和变革理论基础上的独特品牌来确定与哪些合作者合作，以及如何与其他组织合作来提升社会影响力。

品牌亲和力的特征

品牌亲和力由两种行动组成。首先，在对变革理论和品牌识别有着清晰理解的情况下，组织辨别合作者，与之联系并利用品牌吸引他们；其次，品牌亲和力利用品牌来增加这些合作以期达成使命并提升影响力。拥有品牌亲和力的组织会共享空间和信用，促成集体而非个体利益，并将用品牌吸引合作者与协作者。通过聚焦更大的共同目标，组织在达成自身使命的同时也在帮助其他组织实现其使命，并产生更广大的影响。在一些案例中，这意味着让一个合作者品牌的曝光度超过组织自身，抑或通过合作品牌化将信用分享给合作品牌。其他案例中，这意味着跨越组织自身品牌，共同创造一个作为同盟或联合行动保护伞的新品牌，让组织聚集起来为同一目标一起工作。利用品牌亲和力建立和管理品牌需要一种关注共同或集体社会使命与目标的思维，这一方式包含开源平台、透明度、灵活度和民主性。

作为一种品牌管理方式和思维，品牌亲和力适用于所有形式的合作、协作、网络、同伴关系与行动。不同形式可能会遇到不同的挑战，运用不同的战略，但品牌亲和力的基本方法是相同的：辨别和吸引拥有共同价值与目标的关键合作者；通过一种开放和灵活的分享品牌资产的方式，利用品牌来管理并为合作关系增添价值。汤姆·斯科特分享了这一思维转变，指出盖茨基金会正在探索"一种更具有目的性的思考品牌的方式——并非'让我们建立自己的品牌'，而是'我们能通过什么方式利用品牌来获得我们想要拥有的影响力'"，他将自己的工作定义为"以一种具有足够的灵活性来与我们的合作者

101

协作共事的方式管理品牌"。

辨别和吸引关键合作者

合作与联合品牌的工作需要建立在品牌完整性的基础上。品牌必须根植于组织的战略、使命和价值观。在组织外部，品牌形象会因为合作对象的选择得到强化或削弱。正如威尔·诺维-希尔兹利所说，"与谁合作以及如何开展品牌联合定义了我们的品牌"。实现品牌亲和力的第一步与创造品牌完整性相同：清晰地定义并阐释一个组织自己的识别、价值观和采纳的变革理论。第二步是理解生态系统中的其他行为主体，以接触潜在的合作者。绿色革新（Greenovate）的米赫罗·贺拉丁这样描述该方法："我们在选择合作对象上十分谨慎。我们合作的方式、合作的对象以及我们如何开展活动都必须基于自身价值。"除了与使命和价值观保持统一之外，对组织的识别和它在变革理论中扮演的特殊角色的深刻理解能够带来更好的合作选择。正如突破（Break-through）的 CEO 玛莉卡·达特（Mallika Dutt）所说，"我们正在越发明确组织的方法论和行事路径；我们不仅关注那些问题和我们的最终目的，还清楚地了解我们自身以及其他组织——我们是谁、我们如何思考，这是我们的方法论，这是我们想做的事情。这让我们接触到了合作者并告诉他们，这就是我们想要与你们合作的原因"。市民冲突中心（Center for Civilians in Conflict）的莎拉·霍列文斯基指出，对差异化和品牌识别的深刻理解最终将带来新的合作者。"现在我们知道自己在哪里有最大的影响力，"她解释说，"我们将自己与传统的非政府组织形象相剥离，并致力于成为我们所从事领域中的翘楚，这意味着我们将与非传统合作者开展合作，如前军事顾问、社会科学家等。"

原型研究档案（Archieve for Research in Archetypal Symbolism，ARAS）意识到在联系潜在合作者之前，它们需要开展品牌工作。该组织为多样化的受众服务，通过不同机制为他们提供接触到各种符号和形象的入口。收藏编辑埃里森·图佐（Allison Tuzo）表示，组织在建立合作上面临挑战，而该过程需要很长的时间。我们的品牌亲和力模型指出，当组织为发展一个清晰的品牌识别并发展品牌完整性而工作时，它将更容易地辨别并形成正确的合作关系。

发现适当的合作者需要在品牌识别、目标、价值与变革理论等方面有深刻的自我认识，还要求对生态系统中现存和潜在的行为主体，以及塑造大环境的力量的趋势有敏锐的理解——正如我们在第三章中所阐释的那样。

辨别和吸引合作者的下一步是根据组织的价值、识别以及对变革理论的独特贡献，积极地利用品牌吸引那些看上去适合的合作者。识别的独特性和高度的品牌完整性不仅帮助一个组织辨别与哪些合作者一同工作，还协助组织吸引正确的合作者。人类联合组织（Humanity United）的迈克·布瓦耶表示，"我们越能够准确定义自己，就越能够获得高质量的合作机会"。恩派公益组织发展中心的李丁将品牌与"导游手中的旗帜"相比较——它将人们聚集在一起并吸引他们成为你和你的任务的一部分。PSI 的凯特·罗伯特指出，"我们必须拥有一个强大的品牌来吸引志同道合的合作者，以获得更大的影响力"。她还相信为了这一目标的实现，"你需要坚持品牌完整性与自身的价值"。莎拉·霍列文斯基解释说，她的组织致力于"提升与拥有独特技巧的人开展合作的能力"。"品牌将帮助组织吸引这些合作者"，她总结道。

女孩教育（Educate Girls）是一个新生的非营利组织，它致力于解决印度教育系统中的性别不平等问题，通过与地方社区等各方合作共同推进学校变革，来提升并改善女生的入学、出勤及学习状况。创始人兼 CEO 萨菲纳·侯赛因（Safeena Husain）认为合作关系是她们的成功之匙。"我们拥有一个综合性的合作模型，我们不是地方性的，"她解释说，"我们强调共识性。"该组织谨慎地选择合作者，他们更看重价值观和品牌的一致性，目的是一起完成包括财务支持、课程内容、组织发展、能力建设以及监督和评估等方面的工作。该组织还广泛分享其信誉，使用合作者的标识，提供网站链接并感谢政府的努力。侯赛因解释说，考虑到其合作者的多样性，"用最简单和直接的方式表达我们自身显得更为重要"。通过赋予品牌完整性，女孩教育建立了信任并获得了来自地方社区和许多知名合作者，如联合国儿童基金会（UNICEF）的支持。

在所有这些案例中，高度的品牌完整性给予组织强有力的品牌形象，建立信任并吸引潜在合作者；品牌亲和力则利用这些合作关系来提升影响力。詹妮弗·贝尼托-科瓦尔斯基表示，拯救红杉联盟（Save the Redwoods League）

103

忠于其使命和价值观的行为帮助组织收获了来自其他组织的信任，最终带来更多的合作关系和项目。"我们积极主动，因而人们喜欢与我们一起工作。我们作为一个与他人合作解决问题的环境组织而为人所知。近些年，我们注意到人们很愿意与我们合作，他们邀请我们加入更大的项目，而我们也在拥有更大的影响力。"

品牌亲和力还将会在吸引组织方面发挥作用，并从并购重组中获益。我们相信，未来在非营利领域中会出现更多的兼并与收购，而品牌亲和力将促进这一过程。第九章将进一步讨论这一点。

利用品牌来管理、为合作关系增添价值并提升影响力

分享信用并推广合作者的品牌而非仅仅宣传自己是一种协作使用品牌的方式，它为合作关系增添价值、提升信任并提升整体影响。哈佛肯尼迪学院的吉姆·彼尔德纳（Jim Bildner）指出，捐助者和执行者都从旨在推动项目成功的信用分享中获益。"举例来说，大型基金会有非常强大的品牌，当这些基金会承诺为一个事项或项目注入资源和准许挂名时，不仅它们自身会被视为在利用品牌来推动项目，同时所有的合作执行者也将从合作中获得信誉，并从与基金会品牌的联合中获得好处。在这些案例中没有出现信誉的减少；每个人都获得了利益，因为这并非一个零和游戏。"

推广合作者的品牌并不只是一项正确的行为。正如威布波普雷塞特博士指出的那样，从长远来看，它帮助一个组织"吸引更多愿意合作的合作者并创造对社会变革的共同影响"。因此，一个组织管理其品牌合作的方式能够积极影响其品牌形象，并吸引更多的合作，形成一种品牌亲和力的良性循环。

CLEEN 基金会（CLEEN Foundation）执行董事因诺森特·初乌玛（Innovent Chukwuma）描述了一种情况——在尼日利亚，基金会将全部信誉用来提升当地的社区服务，获得了非常好的效果。这极大地提升了 CLEEN 基金会在当地的声誉，他们发现"当他们因为产品获得信誉时，他们甚至（在政治行为上）变得更为慷慨"。女性学习合作组织（Women's Learning Partnership）的马哈纳兹·艾法卡米也赞同时不时地后退一步并让合作者的品牌自主行动是十分重

要的，尤其在政治氛围紧张和排外思想盛行的时候，"我们的角色是支持我们的合作者，"她解释说，"我们充分理解他们独立自主地行动并提升自身信用的愿望，因此我们互相理解如何实现这些目标。"

合作同样被视为一种增加品牌资产的重要方式，一个组织能够通过与一个更强大或知名的品牌建立显而易见的关系来提升自己的品牌。盖茨基金会的汤姆·斯科特和睿智基金会的雅丝米娜·扎伊德曼都指出，联合品牌将对其合作者产生积极的影响。例如，盖茨这一品牌为其捐助者带来了光环效应，打开大门并推动了对话。扎伊德曼将这种效应归因于"品牌价值"，并指出基于共同价值的创造性的合作所展示的是我们与睿智基金在推动解决全球贫困问题上的力量。在人类联合组织（Humanity United），迈克·布瓦耶经历了类似的情况——受益于光环效应。"因为我们是一个年轻的组织，我们越将自己与知名品牌相联系，就越对我们有好处"，他总结道。

最大化社会影响需要战略性地运用品牌。罗伯特·伍德·约翰逊基金会（Robert Wood Johnson Foundation）的副主席罗宾·霍根（Robin Hogen）解释道，"相比于金钱，一些组织拥有更大的影响力。它们能够超越自身的规模，用很少的钱做很多的事"。

受访者提供的案例指出，合作者彼此高度关注共同的外部社会目标，自信使用自己的品牌和品牌资产能增加合作品牌的价值，将最终带来组织所期望的社会影响力的提升。管理合作关系时遇到的挑战则围绕合作者之间存在不平等力量的情况产生，尤其存在于大型组织与其受让者之间。例如，行动援助（Action Aid）和开放社会基金会（Open Society Foundations）前董事拉梅什·辛格讲述了存在于大小品牌之间的矛盾，并指出大组织有时将品牌曝光度建立于对合作者品牌的损害之上，因而造成怨愤和功能紊乱。我们相信，品牌亲和力思维将帮助缓解这一矛盾，它让合作者关注共同的外部目标和整体的社会影响，并让与更强大品牌进行的合作自觉地共享曝光度并推广合作者的品牌。在第九章中，我们将探索品牌亲和力在日益增长的运动品牌中扮演的角色。而在本章中，我们将分享一些有关于我们遇到过的品牌合作关系及其成功因素的观点。

品牌亲和力合作关系的种类

一些受访者认为存在两种与品牌亲和力相关的合作关系：一种是合作组织关注类似的活动（并不都是相同的成员）；一种是合作组织有同样的目标但活动不同，因而它们在变革理论中处于另一方的上游或下游的位置。在两种类型中，合作者都期望凝聚起来以提升影响力，而合作的整体影响要大于单个组织影响力的总和。

对于第一种合作关系而言，重点在于将力量结合在一起以增加可用资源来推动支持一个共同的事项或目标。如果这些非营利组织一同工作，那么"所有的船都会随着涨潮而浮起来"。林肯表演艺术中心就是一个很好的例子，该组织利用其品牌亲和力使得全市赞助各类艺术组织的人数明显上升。这一工作开始于对艺术领域赞助者的态度和行为进行细致的调查。彼得·达芬这样解释它们的成果：

106　　调查指出，如果某人一年出席活动超过四次，就可以将他视为艺术的"重度消费者"，并更有可能参与整个系列的艺术活动。对于艺术领域的赞助者，存在这样一个临界点，因而我们有理由与其他艺术组织协作、分享信息，就像他们在费城工作而我们在纽约市。我们将此视为把蛋糕做大，让每个人获益。我们并没有理由去用"占有"的方式来看待赞助者，他们并不只是林肯中心的顾客——我们与更多其他艺术组织共享这些资源。

通过建立一个能够链接到包括大都会歌剧（Metropolitan Opera）和纽约爱乐乐团（New York Philharmonic）在内的合作组织的网站，林肯中心强化了与这些组织合作的能力。例如，顾客或艺术赞助者浏览网站的方式显示出他在不同的会员组织间的移动路径，这帮助林肯中心在与成员组织合作的过程中获得支持。

在过去的数年里，我们耳闻目睹了各种协作与伙伴关系的增长，有相似使命、价值观、变革理论和能力的组织一起工作以提升整体的品牌曝光度和

影响力。威尔莫特·艾伦认为"我们正在越来越多地见到组织聚合并利用品牌
展现的价值"。他引用了全球影响力投资网络（Global Impact Investing Net-
work）与社区发展机构的案例，指出这些合作还能够提升组织的价值并强化
它们的身份。他总结道，"聚合带来了一定的信用，让发现价值并将其传达给
成员的工作变得容易"。在这种合作关系中，整体品牌曝光度和声音的增加带
来了影响力的提升。同时，参与合作的组织还能够从合作关系中为其品牌识
别获得独特性。全球联合之路（United Way Worldwide）的品牌战略与营销执
行副主席辛西娅-朗德（Cynthia Round）这样描述来自协作的信用："组织群
体获得的来源于协作的信用自然会在具体工作中增强合作者的信心。"

　　在第二种合作关系中，组织能够通过整合互补的技能和资产来创造单个
组织无法达到的影响力。在这种情况下，合作者相互受益于对方的独特技能 107
而不是重复工作，因而合作关系所带来的影响力将超越个体的总和。这种合
作关系中的每个合作者都扮演着独特的角色，为解决复杂问题贡献技艺和能
力。朱莉·奥布莱恩这样描述 MSH 与乐施会（Oxfam）的合作："由于乐施会
在国会山上有知名度但缺少经验，而 MSH 有丰富的实践经验和有限的知名
度，这一合作关系富有成效并让双方都获益良多，创造出更大的价值并提升
了共同地位，同时也提高了组织的声望。"对每个合作者品牌资产的影响显而
易见。

　　杰布·古特利乌斯指出，"清楚地了解组织所拥有和需要的，以及潜在合
作者拥有和需要的，来发现重合之处"是十分重要的。再一次地，我们要强
调品牌完整性在定义、吸引与管理合作关系中扮演的角色的重要性。天使之
愿（Angelwish）是一个帮助罹患慢性病儿童的组织，它最初将自己视为愿望
成真基金（Make-A-Wish Foundation）潜在的竞争对手。"这持续了一段时间，
然而我们发现实际上两者是严重互补的，即使在捐助方面也存在一定的重
叠"，史茉莉·梅塔表示。于是这两个组织展开合作，其中一个组织有更好的
条件来帮助儿童。"如果双方都在完整性的基础上工作，我们将获得更多"，梅
塔说道。在这类合作关系中，组织聚集在一起互相补足其他组织的能力，最
终使得整体影响力超过了个体组织成果的总和。

在两种合作关系中，品牌亲和力都意味着组织要从一种补偿性思维转变为对集体影响的考量，以及从资源稀缺的假设转变为对能力建设的理念。换言之，品牌亲和力并非要求组织参与一种以某些形式的交换来构建内部组织能力的合作，而要求组织与一个或一群合作者一同工作以增强集体影响力。品牌亲和力还建立在相信合作能够提升能力并获得更多资源的基础上。女孩效应（Girl Effect）正是品牌亲和力的绝佳例证：合作组织从一开始就积极介入品牌的发展和任务的实施过程中，每个组织都扮演最适合它的角色。在一开始，BRAC、CARE 和人口理事会（Population Council）为组织变革理论的形成提供了帮助；这些合作者还提供了数据、故事和相关信息。有趣的是，这些组织意识到合作还是产生彼此影响的媒介，帮助组织运营得更有效率。倘若这些组织将彼此视为对手，就不可能获得相同的影响力（Kylander，2011）。

108

尽管有些受访者表示与营利公司的合作可能会产生潜在风险，其他人依然相信这是一条改变影响力的重要途径。斯蒂芬妮·库尔斯纳基于利益和风险两方面向我们描述了乐施会与其合作机构的复杂关系。"有些国际公司拥有各类分支机构，你可能会与其中一家机构发生争执从而危机到与母体的关系，这是非常棘手的，"她解释说，"我们在合作问题上持开放态度，因为我们意识到这些公司是我们处理日常工作时需要打交道的重量级组织，它们很可能是贫困的潜在制造者或缓解者，它们能够为解决不公正做出贡献。我们试图通过合作影响它们，让它们积极地行动起来。"这样的案例在不同领域广泛存在，依托的还是技能方面的互补性。品牌的作用会扩展至对合作者行为和活动的实际影响，以至于提升积极的社会和经济影响力。我们相信，营利公司将继续对解决社会和环境问题感兴趣，而这将为非营利组织提供大量通过合作关系和品牌亲和力影响公司行为和活动的机会。

品牌亲和力成功的源泉

拥有一致或相似变革理论的组织（及个人）更有可能发现共同背景并成

功地进行合作。变革理论通常基于表面或隐性的价值和主张，它们在与其他组织共享时作为信任和协作的基础。塔夫兹大学佛莱契学院（Fletcher School at Tufts University）公共政策副教授约翰·哈莫克（John Hammock）指出，"你需要明智地选择合作者"。他还补充道，"合作关系的现实问题之一在于很难在合作开展之前花费足够的时间确定你们的意见完全一致且分享同样的价值和目标"。不能分享价值和目标的合作者将承担风险。哈佛大学豪泽公民社会研究所的责任投资计划主管戴维·伍德（David Wood）表示，如果组织参与到一种在价值上并不匹配的合作关系中，它们就可能"被迫围绕观念和项目的所有权做决策从而造成使命偏失、能力下降并使品牌弱化"。因此，合作者品牌的匹配度在某种程度上是品牌亲和力成功的指标。Twaweza 的基斯·格里夫相信"'Twaweza：Ni Sisi！'或'我们能做到：这就是我们！'这一品牌对于选择合作者十分重要。在合作过程中，我们帮助人们理解我们是什么、我们的主张，并力求寻找共识、形成双赢"。总而言之，正如汤姆·斯科特所说，"好的品牌亲和力关系有着非常明确的目标，让每一方都努力实现并且达成一种默契致力于最终结果。不成功的关系往往没有搞清楚工作、使命和期望达成目标之间的关系"。共享相近价值观和目标并积极工作以建立信任是成功合作关系的两个重要基础。

女孩教育（Education Girl）的案例很好地展示了价值观在发展品牌亲和力时发挥的作用。该组织的核心价值是尊重——包括政府在内的所有合作者。当有人对政府应该提供的服务表示担忧时，该组织鼓励政府遵循现有的法律要求，而不是与政府对抗。这样的尊重建立起了信任，让组织与政府、地方社区成员和其他组织间形成有效的合作关系，并反过来为组织依赖乡村层面任务的实施及地方志愿者战略提供支持，并塑造了能够进一步吸引合作关系的品牌形象。正如女孩教育的沟通经理诺因·多萨（Nooreen Dossa）所说，"品牌最重要的作用就是让所有利益相关者感受到自己是组织及其目标的一部分"。

在有关网络和同盟的案例中，定义共同价值观和目标的过程极为重要。女性学习伙伴（Women's Learning Partnership）的马哈纳兹·艾法卡米描述了通过建立共同愿景和内部识别过程以指导自治的 NGO 网络与其成员参与外部

109

协作，以期影响社会变革。"（品牌化的）一个方面在于使我们这些独立的自治组织能够达成一个让大家真正接受的共同愿景……这需要花费数年的时间，通过大量的对话来增进彼此的信任，深信彼此的能力并互相尊重。"在这种情况下，建设整体品牌识别的过程成了网络本身得以成功的基础。

用协作的方式使用品牌为合作者增添价值、共享愿景和信誉还有助于形成信任的氛围，这也是合作成功的基础。对于彼得·贝尔领导的 CARE 来说，这意味着"不是成为领导者，而是成为选择的合作者……这还意味着倾听他人的声音，为共同目标与他人合作，建立开放、公正、互相信任的关系，为发展分享信用以及为失败承担责任的意愿"。威布波普雷塞特博士表示，"培养信任的精神，让合作者及它们的贡献在社会变革的大背景下得到应有的尊重和分享"是成功品牌合作的必要条件。Nothing But Nets 机构的克里斯·赫尔弗里希指出信任在与同一领域的组织进行合作时是十分重要的。部分成功的原因在于组织扮演了补充的角色。他表示，这在组织"占据一个特定位置并拥有合作心态时"发挥了作用。"这一挑战，"可持续保护（Sustainable Conservation）项目管理主任凯西·维亚特拉（Kathy Viatella）说道，"在于定义角色并获得信誉，尤其在捐助者也参与的情况下。这要求大量的合作建设工作来增加信任。"因此，分享信用并发展信任是建立成功合作关系的基础。在第五章中，我们也曾阐述品牌完整性如何帮助建立并提升这样的信任。

最后，利用数据来证实品牌亲和力的价值并支持协作对于影响力、效率和效益等方面的成功而言都是重要的因素。在之前我们所描述的协作案例中，林肯中心吸引了大大小小的组织；而在一开始，一些组织曾怀疑合作的价值。"我们必须证明合作是有价值的"，彼得·达芬解释道，而研究数据帮助它们实现了这一目标并成功地为品牌亲和力提供了补充。

用开源和灵活的方式使用品牌资产

为合作者提供品牌资产和工具，或通过共享目标或通过开源平台以支持

合作的开展，即是利用品牌亲和力的方式来扩展品牌的接触面和影响力。牛 111
津大学斯科尔社会企业研究中心的亚历克西斯·埃廷格指出，品牌的开放度和
灵活性将吸引合作，尊重不同利益相关者的意见，将它们的行为概念化为
"协作中心"的组成部分。社会风险投资伙伴（SVP）的伊丽莎白·本尼迪克
特则表示，开放并分享品牌资产是提升影响力的关键战略。"在 SVP 的网络
中，甚至有一些使用着我们的信息和品牌要素的战略伙伴，"她解释道，"我
们越开放，接触的范围也就越大。比如，有一个受益者是我们非营利投资对
象的员工，他公开地谈论与 SVP 的合作并使用与我们一样的品牌语言，随即
广泛传播开来。我们意识到品牌越开放，就越能够在保持品牌框架的情况下
被接受。"

国际助老会（HelpAge International）的沟通和品牌经理梅尔·保罗（Mayur
Paul）对此表示赞同，并补充说"给品牌自由"能够真正帮助组织实现目标
并提升能力。"拥有一个好的点子并确信在组织内落地生根。如果其他人借鉴
你的点子，这是一件好事，"他表示，"让其他人使用你的品牌会让你的品牌
更强大并扩展接触面。"威尔·诺维–希尔兹利指出，在放弃对品牌的控制并允
许合作者使用你的品牌资产后，品牌化过程会变得很有趣。他相信这一过程
"能够获得比直接使用品牌的工作更大的影响力"。盲人与视障人士 Vista 中心
（Vista Center for the Blind and Visually Impaired）执行董事帕姆·布兰丁（Pam
Bradin）对"放手品牌"的过程进行了解释："我们从对品牌进行严格监控转
变到如今允许任何成员使用我们的商标、使命、标语及框架。每个人都尽力
持续下去——他们帮助我们塑造形象并保持它。"尽管有些人不愿意对品牌放
手，已经有大量的利益相关者对这一行为表示支持。我们相信，这种与合作
者分享品牌资产的方式将会提升透明度，深化关系并增进信任。

杰克·西姆向我们描述了世界厕所组织（World Toilet Organization）是如何
通过多种合作来改善世界各地卫生状况的。该品牌致力于提高对这一问题的
意识并减少谈论这一问题的阻力。世界厕所组织采取了一种煽动性的方式来
完成这一任务，用流行俚语让这一问题变得既幽默又严肃。"我们的目标是让
所有人都参与到讨论之中，"西姆解释道，"我们想要让所有的人通过自己的 112

方式来理解这一品牌。如果你变得开放，那么所有人，包括明星和普通人在内都会聚集过来。你能够通过让他们自主理解品牌和问题的方式调动百万人。"他还补充道："你要有广泛宣传这一问题、用推特推广它的能力。一项社会运动能够调动大量群众，反映出在这种系统中形成的信念是可以超越组织的。"

这种开放而灵活的品牌管理方式在许多方面与品牌民主化存在相似之处，并为参与度和接受度的增加带来相同的好处。加拿大基督教青年会的梅根·雷迪克指出，一旦组织运用品牌工具在内部分享使用技术平台，就有理由让这些工具跨越组织边界而为志愿者、支持者、供应商和其他组织所用。"我们不想把品牌工作的成果束之高阁，"她说道，"我们想要让它们成为所有想要推广基督教青年会这一品牌的人手中的工具，员工、志愿者、合作者、供应商等均被邀请进入我们的品牌社群。这样每个人都能够感受到塑造品牌和保护品牌的责任。"在相似的开放与协作观念的驱动下，许多非营利组织开始积极地分享它们的知识和品牌工作的方方面面，希望其他组织能够复制这些方式并扩大其影响力。正如避难点（RefugePoint）的萨沙·查诺夫所说，"我们想要创造可复制的模板，通过它们来为其他组织提供开展类似工作的途径……我们希望继续建立协作关系。我们的目标并不是增加市场份额，而是扩大重新安置难民工作的力度和数量"。Twaweza 的基斯·格里夫总结道："对于一个目标在于保护品牌（仅为该组织所用）的公司而言，这是不同的。我们希望其他组织使用我们的品牌并让它更多地曝光。"

我们接触的许多成功的活动品牌，像社会风险投资伙伴和基督教基金会这样的组织，都建立在开源平台的基础上，任何人都能够在这些平台上免费获得品牌的视觉资料、数据和辅助材料。女孩效应和 TckTckTck 品牌的开源性让不同组织和个人获得了它们的品牌，并根据自身环境和需求来适应它们。在 TckTckTck 工作的克里斯汀·特利瑞特就这一方式表示："通常我会认为这（开源）在品牌化中是行不通的，然而我们允许它存在。其原因是这一观念确实让公民社会，各种关注气候变化的活动家和运动聚集起来，并创造出一种所有这些社会活动和团体都团结在同一条标语下的印象。"

在女孩效应的案例中，一项帮助青春期女生脱贫的工作［由耐克基金会发起，与 NoVo 基金会（NoVo Foundation）、联合国基金会（United Nations Foundation）以及青春期女孩联盟（Coalition for Adolescent Girls）合作〕发展为将女孩视为"改变这个星球的最强力量"的运动。女孩效应这一品牌通过引人注目的免费公开视频和材料获得了来自全球各组织和个人的广泛兴趣、支持与关注。奥普拉·温弗瑞（Oprah Winfrey）在其脱口秀节目上宣传了女孩效应的视频，以及一个视频获得了 TED 值得观看广告奖（TED Ads Worth Watching Award）之后，人们对该组织的兴趣和关注呈现出爆炸式的增长，而如何利用这样的关注成了一项挑战。"我们对所有人的第一项行动呼吁是：传播、传播、传播"，耐克基金会前创新主任艾米丽·布鲁（Emily Brew）解释道。通过与包括全球捐赠（GlobalGiving）在内的合作者建立联系，感兴趣的捐助者能够在发展中国家找到项目进行支持。开源模型中的材料包括可下载视频、商标、图片、海报、演讲以及针对如何举办一场"女孩效应"聚会或活动的建议，这让感兴趣的人更容易参与其中并用他们的行动传达品牌。"我们想做一些人们能够自己获得并使用的内容"，玛丽亚·艾特尔解释道（Kylander，2011，p.6）。这种方式被清晰地展示在网站上，鼓励人们建立自己的"女孩效应"材料文件夹并立即下载所有内容。"这个网站是属于你的""来获取为女孩们改变这个世界所需要的信息和工具吧"。

对品牌资产和工具的开放和自由分享可能会在最初看起来十分危险甚至感觉不爽，然而当一个组织关注与提升特定社会影响力并通过品牌亲和力获得支持时，将品牌资产和整体目标带入对合作者的服务之中就很有感觉了。女孩效应的创立团队指出，开源品牌存在一定的风险。随着信息的快速传播，受众中会出现抵制的情况。布鲁表示外部受众会做出超越品牌大使的事情，而支持者实际上可能会对这些消极行为做出反应。"我们不需要想到所有解决方案，而可以通过众包来获得它们。"尽管布鲁承认提供对材料的开源获取存在内在 **114** 风险——材料可能会被滥用，她依然相信它带来的利益远远超过其风险。

品牌亲和力的挑战

那些有着私人领域背景的品牌管理者总是对品牌亲和力产生违背直觉和冒险的感觉。在本质上，品牌亲和力帮助一个组织使用其品牌资产来应对组织边界以外的诸多问题，其结果是在短期内，组织被关注的可能性会下降。长期来看，成为协作的一部分则能够增加品牌曝光度。一些受访者担心品牌亲和力可能会减少其品牌资产，一些人则害怕他们会失去自己的组织和品牌，还有一些人觉得品牌亲和力方式会带来对时间和资源的不公平耗费。我们将在这一部分中回应这三种担忧。

减少品牌资产

在传统私人领域的品牌资产模型中，品牌资产由品牌意识和顾客忠诚度驱动。公司担心品牌亲和力有可能减少品牌意识，尤其是来源于大众的关注。然而，正如我们在第二章中所述：对于非营利组织而言，品牌资产由信任、合作、持续性和集中所驱动。信任来源于品牌完整性；我们也已经指出，品牌亲和力方式将增进合作关系。持续性与集中可能会随着时间和地域的影响受到挑战，但它们并不会减少，事实上，我们认为它们恰恰增加了——通过品牌亲和力。我们再次指出，关于品牌资产减少的担忧是多余的，这一观点来源于非营利组织的品牌范式和私人领域的不同。我们相信，非营利组织的品牌资产将因为品牌 IDEA 的实施而增加，而合作——非营利组织品牌资产的关键驱动力之一，能够得到品牌亲和力方式的大力支持。

在亲和力中失去自我和品牌

一些组织担心如果它们过于深入地参与到品牌亲和力与合作中，就会失去对自我的意识或被其他组织"绑架"。这些合理的担心正强调了组织在成立时就应该牢固地扎根于自己的品牌识别，积极选择合作对象并采纳能够增加影响力和任务完成度的视角的重要性。我们遇到过这样的情况：一个小组织的品牌完全定义在与一个更大的合作品牌的联系之上。尽管这可能会在获取合法性方面为小组织提供一些好处，它还会削弱小组织塑造自己的独特品牌的能力。因此，你必须清楚你的身份并清晰地定义参与合作的目标。品牌亲和力正帮助你实现这一点。通过定位获得独特性并积极寻找推动你的使命达成和影响力扩大的合作者，你能够真正运用品牌亲和力来强化自身的品牌识别。

对时间和资源的耗费

成功管理一个合作者的组合确实会耗费时间和资源，而组织可能担心这会干扰对自身需求的关注。然而，正如先前所述，合作关系同样可以被视为一种资产——提升组织的能力并让它更好地达成使命、提升影响力，这些资产包括合作关系在内的全部。品牌亲和力会在选择、管理和使用合作资产方面为组织提供支持，也可以被看作一种对能力建设的投资，而非对资源的耗费。

总 结

那些采纳品牌亲和力方式的组织相信它是最大化影响力和达成使命最有效和高效的途径。正如我们所见，品牌亲和力要求高度的品牌完整性，并关注共享外部目标。拥有品牌亲和力的组织利用它们的品牌来辨别和吸引合作者，并为合作和协作增添价值。建立信任需要花费时间，然而组织能够通过慷慨地共享信用和关注共同外部目标来利用品牌推进合作关系，促成社会变革。品牌亲和力方式在某种程度上是品牌民主化的延伸，它要求组织与合作者分享品牌工具和资产，以实现整体影响力最大化的目标。

在第五章、第六章和第七章中详细阅读过品牌 IDEA 框架的三个组成部分后，你能够清楚地认识到品牌完整性、品牌民主化与品牌亲和力是互相联系并互相支持的。你很难在缺少品牌民主化参与的情况下实现品牌完整性；同时，你只有实现品牌完整性才能有效地赋权品牌大使并为品牌管理建立指导原则，而这又代表着品牌民主化的一个方面。品牌亲和力则是在你通过品牌民主化实现品牌完整性之后，将组织影响力最大化的途径。在下一章中，我们将提供一些在整体上完成品牌 IDEA 框架的指导和建议。

PART **3** | 第三部分

让品牌 IDEA 付诸实践

第八章 实现品牌 IDEA 要做什么以及如何去做

我们已经介绍了品牌 IDEA 中的三大概念，并将展开有关如何让它付诸实
践的讨论。我们深刻地理解了品牌 IDEA 框架在我们对组织的研究与采访中
所扮演的角色，这些组织的声音贯穿之前的章节，而本章就基于以上的学习
与经验。这些组织使用了许多不同的方法来强化自己的品牌，并战略性地利
用品牌来达成使命并提升社会影响力。许多受访组织已经将品牌 IDEA 的概
念融入它们的品牌重塑工作中，它们参考了《斯坦福社会创新评论》(*Stanford
Social Innovation Review*) 或我们在 2012 年的课程中举办的在线研讨和演讲中
的文章内容。其他组织已经走在品牌民主化与品牌亲和力的前沿，它们的工
作成就了品牌 IDEA 的概念。还有一些组织正在努力尝试着管理品牌，感到
利用品牌增加组织的影响力可不是件容易的事情。我们将利用这三种案例并
基于我们认为是当今最好的完成品牌 IDEA 框架的实践，为组织提供一系列
具体的建议和指导。

我们将建议分为两大主题：①通过品牌民主化实现品牌完整性；②塑造
品牌亲和力以获得影响力。正如先前所述，这些概念相互联系（见图 8-1）。
我们还将基于品牌角色周期提供一些测量工具，组织可以利用它们来评估品
牌管理工作的影响力。

实现品牌 IDEA 的第一步在于完全接受范式转换。如果领导者改变其对品
牌的看法，转为一种聚焦使命、积极参与和通力协作的战略思维，品牌管理
就会成为日常活动的一部分。品牌管理并不要求大额预算或昂贵的外部咨询。

品牌完整性　　　　品牌民主化　　　　品牌亲和力

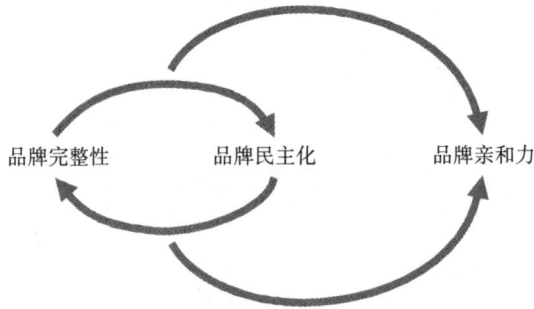

图 8-1　品牌完整性、品牌民主化、品牌亲和力的相互关系

事实上，组织的动态性要求保持相关性，因而会随着宏微观环境的变化而调整，会因受众对新观点、战略、项目的新的需求而演变。为了有效地进行品牌管理，组织必须保持与受众的接触并了解微观环境中不同行为主体的活动，包括它们如何看待与你的关系等最新情况。每个人的日常工作在于从内部构造这样的能力，而非依赖于外部咨询顾问，这将确保组织和其品牌保持相关性。我们相信这是每个组织都能做的事情。外部咨询肯定会有帮助，但我们的大部分建议都可以通过组织自身的日常活动或特定的小组实现。狭义地看，资源依赖型组织正在拥有越来越强的通过不同途径与成员进行对话的能力，而所有人都将从开源的品牌管理中获益。

　　我们注意到，一些组织会发现咨询能够有效地支持它们的品牌工作。咨询顾问会用不同方式，从帮助开展必要的研究到规划促进品牌重塑的过程，为组织增添价值。然而我们要重申的是，获得强大品牌的关键之一在于吸收品牌民主化的原则，而寻求咨询服务却没有引入这种参与性过程的组织将可能无法得到它们期望的结果。一个在缺乏广泛参与的情况下发展的品牌将不能与在吸收了品牌民主化原则基础上建立起来的品牌一样强大，也不可能像后者那样被成功地接纳。

通过品牌民主化实现品牌完整性

品牌 IDEA 对于设计品牌管理的讨论和过程而言十分有用。例如，在公共教育基金会（Public Education Foundation）最近的战略规划工作中，领导层意识到该组织存在品牌重塑的需求。分管外事的副主席克里丝塔·佩恩和发展与沟通主管香农·埃德蒙森（Shannon Edmondson）向我们讲述了他们当时看到我们在《斯坦福社会创新评论》上的文章时的情况。佩恩说道：

品牌 IDEA 帮助我们用一种截然不同的方式设计了品牌。我们开了一次会，决定采纳品牌 IDEA 框架并强调品牌民主化和使命的重要性。这非常有效，因为在此之前，我们开始在内部讨论如何再造和重塑品牌时遇到了重重障碍。然而当我们开始讨论使命并就如何达成使命展开对话时，每个人都感到舒服多了。我们认为那（品牌识别）就是以使命为中心并以此开展各项工作。

而埃德蒙森补充道：

品牌 IDEA 框架是一个非常好的开端。之前我们已经工作了八个月并到了打算放弃的程度，然而像"民主化"和"亲和力"这样的词语帮助我们安排了整个讨论。我并不认为那是个容易的过程，但它的确使一个循规蹈矩的过程转变为一个吸引大家参与并且感到舒适的工作。

我们希望品牌 IDEA 框架能够作为指导许多其他组织开展品牌管理的"入口"。对于通过品牌民主化实现品牌完整性这一点，我们的建议包含三类活动：进行调查与评估、推动一致化以及聘请品牌大使。我们将分别对其进行说明，但这些活动是相互联系的，它们也不是一蹴而就的连续步骤。

进行调查与评估

为了了解他人如何认知你的组织及品牌，以及主要受众和生态环境中行为主体的身份而进行调查是优秀品牌管理的基础。你一定已经准备好倾听员工的意见并对可能影响本领域的趋势、力量和变化的因素展开调查。在这里，我们给出一些可能适合你的品牌的开展规范化调查的建议。调查结果既能够为实现品牌 IDEA 提供动力，又能够帮助建设你的品牌。

了解你是谁以及你如何被认知

了解你作为一个组织的身份，你所做的事情以及它们为何重要是能够明确表达品牌识别的关键所在。理解你如何被认知，尤其是外部利益相关者的认知对定义你的品牌形象极为重要。这意味着组织要询问内部和外部利益相关者，在他们心中你的品牌本质是什么？这类调查可以被描述为品牌听证会。一场内部品牌听证会既包含对内部利益相关者的思考和谈论品牌识别的方式的调查，也包含对所有表达品牌和通过视觉和文字传达信息的方式的评估。一场外部品牌听证会包含对外部利益相关者关于品牌形象的认知，以及媒体和其他外界信息来源，如评级机构描述组织的方式的调查。

利用头脑风暴来让内部利益相关者（董事会成员、经理、员工及志愿者）描述"我们是谁、做什么、它们为何重要"是举行品牌听证会的第一步。在哈佛大学豪泽公民社会研究所最近的一次员工大会上，我们邀请与会人员用自己的语言在一分钟内定义"他们心目中的豪泽研究所的特征"，尽管答案存在一些差异，更多的是相似点和一些清晰的重复的主题。

123　　另一种方式是让利益相关者花一点时间写出六七个描述组织的关键词。当我们邀请非营利组织领导层这么做，并请他们回答自己的员工或其他内部利益相关者是否会给出类似的词汇时，总是能发现他们有些犹豫。执行官们告诉我们："这正是我们打算做的第一件事——询问我的团队他们将如何定义我们的品牌。"

同时，你必须通过采访、焦点小组或有关人们如何描述你的组织与他们心目中组织的主要优势和劣势的非正式讨论来吸引外部利益相关者（捐助者、合作者、受益者以及支持者）。通过对认知品牌形象的捕捉和定义，你将能够理解品牌识别与形象有多高的一致性，获得品牌识别方面的见解并为品牌化过程提供支持。PSI 的凯特·罗伯特指出了许多非营利组织正在面临的问题："当一个组织有优秀的捐助者，有良好的工作状态和影响力时，它就会缺乏塑造组织品牌的动力。他们假设结果会表明一切。"然而现实是，这些组织需要积极地管理自己的品牌，正如 PSI 在自己的品牌听证会中发现其内部与外部认知存在不一致时意识到的那样。这些信息与在认知研究中获得的共同主题，形成了品牌识别的基础。

联合之路（United Way）通过在线焦点小组、公众意见投票和其他数据了解外部对其品牌的认知和看法。通过这些渠道，该组织将讨论和决策建立在顾客信息的基础上。这"让你脱离主观思维而变得客观"，辛西娅·朗德解释道，"它帮助你吸引资源并为品牌化工作提供支持。"

你还应当利用现有的项目数据来明确品牌识别，使它不仅反映出使命而且反映出该地区的实际情况。Barakat 使用区域数据来定位自己的品牌重塑过程，其中包括有关项目所在地区、服务对象以及对当地影响力的评估的统计结果。"来源于我们的项目的数据都指出这样一个事实，即我们的学校仅在巴基斯坦和阿富汗存在，而我们在当地与妇女儿童进行接触，尤其是女孩们——因此，我们需要站出来公布这些信息"，昂哈·奇尔德里斯说道。她还表示"品牌需要从组织内部进行驱动"。特奥会则将品牌一致化工作的起点当作一次探索。克里斯汀·苏乔·赛克勒解释道，"我们需要发掘执行、利用和具象化品牌的每一个方面，无论它们发生在过去还是现在"。这样的调查才能为重塑品牌打好基础。

了解关键受众与如何适应生态环境

124

辨别并了解关键受众的需求是调查与评估中的另一项重点，它与了解你的身份及你如何被他人认知有共通之处。然而它们的区别在于，调查的目的是了解在受众心目中相比于其他组织，你的差异化和定位。将你的外部受众进行分类并通过会议、焦点小组、调查和非正式对话等形式与之进行接触，其目的在于清楚地了解他们的需求以及相较于生态系统内其他行为主体而言对你的品牌的认知。汤姆·斯科特提供了一个案例来描述盖茨基金会是如何实现这一点的，"我们采用了一种受众分类法作为起点：先分为大类，再根据地理、人口、心理进行细分。单这些还不能取得成功，"他补充道，"如果你并不清楚受众是谁、你希望他们做什么以及目标成果是怎样的话。倘若不了解受众，你就不能调整与他们的合作或沟通。"

了解领域中的其他组织并理解不同组织的相对优势能够帮助你明确自身适应生态环境的方式。有关你相对于其他组织的品牌优势的数据也能够让你的品牌计划获得组织的支持和努力。加拿大基督教青年会是一个由全国性机构和 51 个独立慈善基金会成员组成的联盟，它针对基督教青年会这一品牌相对于其他加拿大非营利组织的优势进行了调查。"结果显示出我们的品牌没有达到应有的程度，品牌可是值得保护的重要资产，"梅根·雷迪克解释道，"关于为何要投资品牌这一点，我们用数据给出了一个实例。"

能够明确阐释组织的变革理论不仅对于品牌识别的清晰十分关键，更有助于理解一个组织为品牌亲和力这一目的与潜在合作者进行相处的方式。变革理论描述了社会影响力实现的过程，其中包括各种投入与活动，如资源、项目和服务等，以及对因果关系的假设。此处的变革理论并不像通常那样作为一种表现评估的工具被使用，而是更多地作为一种诊断工具被用来理解组织的独特贡献，这种贡献正是辨别潜在合作者的前提。

125 简而言之，调查与评估应当成为品牌管理进程的一部分。吸引内部与外部受众并了解他们能够让管理者更好地定义品牌识别、理解品牌形象、明确它们的一致程度。表 8-1 总结了品牌调查与评估中我们建议的关键活动。同

126 **表 8-1 品牌调查和评估建议的关键活动**

要做的事情	如何去做	工具与策略
了解你是谁及你如何被认知	● 询问内部利益相关者如何谈论组织及定义品牌识别 ● 询问外部利益相关者如何看待你的组织 ● 通过活动和项目收集数据	● 开展头脑风暴，通过调查和采访获取建议，询问内部利益相关者用来描述组织的词汇 ● 利用焦点小组、调查和非正式访谈来询问外部利益相关者组织的优点和弱点以及对你的品牌的认知 ● 收集活动、成果与成绩的数据 ● 举行品牌听证会，分析认知、重审表达和传播品牌的材料，并了解其他组织（评级机构、媒体报道）的看法
了解关键受众与如何适应生态环境	● 对你的受众进行细分来了解他们的需求和认知 ● 制定明确的变革理论	● 在共同利益和特质的基础上定义并聚集受众 ● 组织焦点小组、调查、采访和非正式讨论来评估自身相较于其他组织而言的需求和认知 ● 定义并阐释如下因果关系和假设：变革理论如何带来社会影响力，组织在变革理论中的独特角色

时，调查数据将为品牌化的计划提供支持和方向。正如斯科特所说，"如今我们更了解自己的品牌，更了解所有的受众，而且我们了解他们对主要特性和主题的看法"。就像弗朗西斯·培根说"知识就是力量"那样，调查的目的就是壮大品牌的力量。

推动一致性

我们将品牌完整性定义为品牌识别与组织使命、价值观、战略的一致性以及品牌识别与品牌形象的一致性，清晰和明确的使命是实现这种一致性的关键要素。我们相信每一个非营利组织都应当坚持其使命、愿景和在内外部广泛传播的价值观。我们注意到，当你的使命陈述不能准确反映出组织的工作时，你就不能得到清楚的品牌识别。杰布·古特利乌斯指出，非营利组织应当"在（品牌化工作的）一开始就花时间开展有关价值观、使命和愿景的工作，它们很容易被阅读却很难被创造"。他补充道，"对于我而言，放缓脚步并为我们所有的工作设计指导原则是十分重要的。一开始就把支柱夯实，你就能更好地指导组织"。

联系品牌与组织的使命、价值观和战略

最能够表现出品牌 IDEA 的组织会将它们的品牌直接与使命、价值观和战略相关联，品牌植根于组织的"谁、什么、为什么"之中。使命陈述和价值观经常成为设计品牌识别的起点，但将品牌与使命联系起来并不是一件容易的事，它需要一个参与性的过程，并愿意加入可能会面对质疑的讨论中。

许多组织通过直接将品牌重塑工作与战略规划相联系来推动一致性。儿童基金会（Childfund）就是一个将品牌的核心内容建立在新战略基础上的例子。安妮·戈达德说道："在过去，当品牌需要改变形象时，咨询顾问会尝试发掘组织的本质，但他们从未取得过成功。但当我们去做这件事（联系品牌与战略）时，员工发现'我们成功了！'"戈达德惊讶于意想不到的积极成果，而且品牌被广泛地接受。她将成功归结于人们参与到组织战略中，成为发展的一部分，拥抱自己倾注心力的焕然一新的品牌。

127

我们相信，组织能够通过参与性过程将品牌化融入自己的战略规划中。我们接触到的许多组织为它们的品牌工作成立了指导委员会，而在小型组织中，则可能由管理团队扮演这样的角色。这一工作的关键在于遴选出合适的代表来动员更广泛的参与。

对于公开支付（Publish What You Pay，PWYP）而言，将品牌融入战略规划的过程被写入了一项名为"愿景 20/20"的文件中，这一文件描绘了组织在 2012~2016 年的使命、变革理论、运营原则和标准、品牌指导和治理结构。"愿景 20/20"建立在四大战略支柱的基础上，其中之一名为"将宣传付诸实践"，这直接反映出让品牌与价值保持一致的概念。"PWYP 这一品牌和标志应当继续和完整性、质量与卓越联系在一起"，玛瑞克·范·里特解释道。

在重审使命或战略之前，组织总是倾向于拖延其品牌工作。在我们看来，这是一个错误。这些工作必须同时进行或直接将其与品牌重塑过程相联系——品牌不应该是"马后炮"。梅尔顿基金会（Melton Foundation）开发了一项新的使命作为战略工作的一部分，领导层和员工认为它们的外部受众将会容易理解这一点。然而，总经理温恩罗普·卡蒂（Winthrop Carty）表示事实并非如此。这一疑虑要求管理层对利益相关者感知和体验的情况进行评估。接着，管理层努力让品牌与新的使命保持一致。回顾过去，卡蒂意识到这些因素——战略、使命和品牌——应该一开始就被有效地整合在一起。尽管一些组织按顺序开展这些步骤，我们仍然相信这些工作应当是紧密联系的。

我们想要强调的是，品牌识别不仅反映了组织的当下状况，更包含着组织希望成为的样子，它可以基于使命和组织的愿景。组织的内部讨论及针对品牌识别的头脑风暴应当包含基于组织愿景的对识别的期望。

128　让品牌识别与形象保持一致

让品牌识别与形象保持一致并不是一件独立的工作，它代表着一套连续的过程——一个组织进行品牌识别工作并在考虑品牌形象的基础上获得并整合信息。我们相信，参与性过程、外部数据和认知对于在品牌识别上达成共识并让它与品牌形象保持一致是十分关键的。消费者动态（Consumer Dynamics）

的合伙人西比尔·怀兰德（Sybil Wailand）与我们分享了她作为咨询顾问时的经历：在外部认知加入之前，组织内部关于品牌的讨论很难有进展。"在拥有多方受众的情况下，倾听每个人的声音十分重要。给予内部受众充分表达自己观点的机会并互相倾听的确增进了彼此的理解。进而，当我们通过焦点小组和访谈将每个观点展示给外部利益相关者时，内部受众从这一体验过程中获得了客观的评价，这有助于他们摆脱个人偏见并清醒地意识到对品牌最重要的东西。"对每一项假设进行表述和测试的交互过程帮助组织达成共识。

外部与内部受众的广泛参与能够为组织带来一致性。威尔莫特·艾伦在与众多非营利组织的合作中发现，通过一种有组织的机制来吸纳外部成员的观点能够让组织加深理解并为一致性提供支持。他与我们分享了一所特许公立学校的案例：该学校成立了监护人联盟来让他们拥有这一品牌并对其发表意见，还雇用学生的父母为员工来更好地理解他们作为利益相关者对子女教育的需求。艾伦认为这些行动正是成功的关键，"（尽管）并不是所有非营利组织都能够雇用人们作为自己的成员，但它们可以通过咨询委员会或其他适当的工具来达成同样的目的"。"将外部成员的利益融入内部对品牌识别的讨论"是极为重要的。

一旦组织实现了一致性，就必须持续关注认知并应对任何错误认知的出现。福特基金会承认保持品牌一致性不是一件易事。"一致性是基础，"马尔塔·特里亚多表示，"但你需要有意识地、积极地开展工作。这是一项长期工作，你永远不会遇到某一天能够说'OK，我们已经实现了一致性，我们的工作结束了'。它是动态而持续的。"建立一个持续的过程来收集外部认知并为利益相关者的广泛参与提供空间和时间是品牌管理中的一项重要因素。

当你为品牌完整性努力时，你的沟通也应当以一致性为出发点。公共教育基金会（Public Education Foundation）将自己的品牌重新聚焦于"改变公共教育"之上，让来自小学、初中和高中的利益相关者一同基于基金会的使命开展协作，以此提高学生的学习成绩和生活品质。克里丝塔·佩恩描述了其沟通工作中品牌重塑过程的独特之处。"在过去的沟通中我们总是以我们的所作所为作为开头，但在我们做不同的事情并关注工作的不同方面之后，情况变

130　得十分混乱。通过聚焦于我们的价值观和信念，我们重新达成了一致。我们知道自己是谁，且组织内的所有人都知道他们应当如何适应、应当扮演怎样的角色。因此，我们不再仅仅讨论要做什么，而是以信念为本讨论如何开展活动来达成使命"。当你传达出一致的品牌识别与品牌形象时，你的品牌就会得到持续加强。

　　这样的一致性可能会，但并不一定包含对视觉识别的重新设计。正如先前所述，品牌不仅是一个标志。然而，许多组织会修改其视觉识别来适应品牌的新概念。在 Barakat，一旦昂哈·奇尔德里斯将参与性过程给出的建议注入新的使命陈述和品牌识别之后，该组织便展开了开发视觉识别的工作。昂哈找到两位平面设计实习生来设计新的视觉识别，要求融入组织的历史——由地毯商发展起来的仍然把地毯贸易作为主要业务的区域性机构。"新的识别是 Barakat（'祝福'）一词与一些反映我们历史的设计元素的组合（地毯的图案与颜色）。教育就是祝福，它给这个世界带来和平。这就是我们在社会中的属性特征。"在目标受众中对视觉识别进行测试应当成为传播和观察品牌过程的一部分。表 8-2 总结了一些重要的建议，它们将有助于通过联系品牌与组织的使命、价值观和战略并让品牌识别与形象保持一致来推动一致性的形成。

表 8-2　推动一致性

129

要做的事情	如何去做	工具与策略
联系品牌与组织使命、价值观和战略	●将所有有关品牌的讨论根植于使命和价值观 ●明确地将品牌融入战略和战略规划过程	●吸引利益相关者参与到组织"谁、什么、为什么"的讨论中 ●将品牌评估纳入战略规划分析中，并将品牌写入战略文件
让品牌识别与形象保持一致	●为推动一致性建立参与性过程 ●使用外部调查和数据推进内部讨论 ●广泛地表达和传播新的品牌识别	●成立由广泛代表组成的指导委员会 ●吸引外部利益相关者，如捐助者和受益者加入品牌会议和委员会 ●整合来自焦点小组和针对内外部利益相关者的调查的数据，寻找基于使命或价值观的共同点 ●更新视觉识别系统

支持品牌大使

品牌民主化带来了真实而强大的品牌识别、品牌完整性和组织凝聚力。当你的组织吸引了内部和外部利益相关者并将品牌沟通的任务分配给他们时，这一切就会实现。提供训练、支持和提倡讲故事，都是促进参与的重要活动。

吸引内部利益相关者

许多我们接触到的组织正在通过向内部利益相关者传授有关品牌和品牌管理的概念来提升内部品牌化的能力。然而，品牌民主化超越了内部品牌化，它积极地将内部（及外部）受众吸引到定义和传达组织品牌的过程中。

对于目前仍未接受品牌管理的组织而言，有关品牌管理的指导需要从传授"品牌是什么"以及"它为什么重要"开始，而第一章中有关范式转换的讨论或许对此有所帮助。改变一个组织的文化，形成把品牌作为一种战略资产的观念需要一定的时间。加拿大基督教青年会的品牌重塑过程是从内部的全体动员开始的。"我们的方法，"梅根·雷迪克解释道，"是指导和教育，让所有人理解品牌价值。为此我们还开展了一些诸如'品牌是什么'的培训。"这些教育工作引起了组织文化的改变。"过去，人们认为品牌是让你的工作变得'好看'而附加上去的内容。我们改变了这样的文化并让人们转而从品牌定位开始思考所有事情。"

品牌民主化中的参与性过程应当是持续的。你可以通过为内部利益相关者提供常规教育和训练，来帮助他们深刻理解你的品牌并真诚地通过日常工作传达出去。正如国际助老会（HelpAge International）的梅尔·保罗向我们描述的那样，"员工就是我们的品牌。大多数人通过员工来体验我们的品牌，而不是网站或广告"。该组织在训练和教育员工理解使命和品牌方面投入了大量精力。"我们努力确保自己的员工坚信使命，这样来自 15 个不同国家的 15 个成员才能够传达一致的信息：国际助老会是什么。"这并不意味着要统一说明。每个人都需要用自己的语言来表达组织的"谁、什么、为什么"，其目的是连贯一致又不要模板化地表述组织的使命和价值观。阿西夫·萨利赫指出，

BRAC 也意识到持续的内部品牌化过程的重要性。"我们列出了 BRAC 所秉持的原则，并根据这些原则来训练内部人员。"你需要一个清晰的培训计划，既能指导新的员工，也能持续加深老员工的概念。

基督教青年会采用多种方式来实现广泛的参与并吸引内部受众。"每个成员都加入其中，他们被请来为品牌提供数据"，雷迪克表示。"我们动用了咨询顾问和核心团队，内部支持、具体建议和品牌化信息，以及一系列教育研讨会。我们举行了一次品牌训练营，邀请所有成员组织的员工在三天时间里一同学习品牌化。我们还举办了一次品牌会议，邀请来自成员组织的专家参与到战略发展过程中。"每个成员组织都派出了自己的品牌领导——品牌工作的佼佼者并挑选出他们的团队成员。成员组织的 CEO 们也直接参与到训练中来。"结果是，成员间分享到更多的资源，"雷迪克说道，"我认为这个品牌化过程可以成为一个样板。"

为了通过品牌民主化在品牌管理上取得成功，你需要花费大量时间和精力来为指导、训练和支持持续创造机会。你可以采用不同的形式——野餐会、禅修、工作坊、头脑风暴、角色扮演练习等，也可以指派某些人作为品牌大使并建立由来自组织不同部门的人（包括志愿者在内）所组成的品牌团队来促进积极参与。Twaweza 使用了许多形式来教导自己的员工，其中包括深度研讨、阅读小组、年度集训（所有员工在召集家庭里一起生活一周）、"思享汇"午餐会以及年度静思会。Swami Vivekananda 青年运动（Swami Vivekananda Youth Movement）为新旧员工提供日常训练，鼓励他们谈论组织工作和品牌；在拯救红杉联盟，"品牌是所有工作的一部分，"詹妮弗·贝尼托-科瓦尔斯基解释道，"我们尝试着采用饶有趣味的方式，在员工会议上做品牌测试。"

我们介绍的许多工具都鼓励内部利益相关者进行品牌的沟通和宣传工作，即成为品牌大使。最近，机遇基金会（Opportunity Fund）举办了一场名为"当别人问起你时，你如何谈论机遇基金会"的内部野餐会。参加者是那些无法正式参与品牌沟通的雇员，如办公室职员、贷款业务员等。在整个角色扮演活动中，这些人有机会来练习表达组织的品牌对他们的意义。活动没有规定说法或关键词，更像是一次分享认知和方法，更多地了解组织的机会，是什么让他们产生了共鸣。这样的方式让所有员工都能够在品牌沟通中扮演自己的角色,每个人都能够成为品牌大使。这些参与性活动的另一个重要成果在于提升了员工的积极性,并让他们感到骄傲和与组织的亲密关系。

世界自然基金会(WWF)最近通过电梯演讲大赛来吸引员工的参与,让人们在 30 秒内描述自己的组织。起初这一计划的目的是选出一位获胜者。然而随着比赛的深入,故事本身的重要性凸显起来。"只开通一条'公众号'没多大用处……它不会真的响",WWF 分管沟通的副主席克里·佐博(Kerry Zobor)指出(Jayawickrama,2011,p.5)。最终,不是只有一个人获胜,三个故事被认定为对组织最生动的描述。

在女孩教育这一组织中,提供服务的社区志愿者也是重要的品牌形象大使。该组织为这些村镇级的志愿者提供有关价值观和品牌的日常训练课程来支持其志愿工作。问讯处则为志愿者们持续提供帮助,并回答各种相关问题。当女孩教育初次进入一个社区时,他们会就品牌和品牌的使用提供明确的方向和指导。随后,在志愿者们对品牌有了切身的体验和感受之后,就不需要什么引导了。

组织有许多机会、活动和吸引内部利益相关者的方式。尽管吸引利益相关者需要很长的时间和周密的计划,并且并不总是立即见效,但这确实会提升品牌完整性、组织凝聚力,并让员工们更加具有动力和团结精神。

吸引外部受众

实施品牌民主化的组织还会吸引外部受众。我们在先前对研究过程的描述中提到了其中一部分:外部受众被问及他们对组织的认知;而其余部分则存在于由社会化媒体的发展带来的更多对话中。这些过程为受众提供了为定义品牌识别做出贡献的机会,它将带来更多的参与并最终让这些受众成为品牌大使。受益者是一群重要的外部利益相关者,但他们却常常在汲取建议的过程中被忽视,一个可能的原因在于从他们那里收集数据并非一件易事。组织设计出更多方式来获取受益者在项目前、中、后期的认知,一些新的计划正在为各组织收集来自受益者的反馈(Keystone Accountability 和 CDA Collaborative Listening Project 就是很好的样本）。收集反馈正是吸引更多受众参与的方式之一（Twersky，Buchanan and Threlfall，2013）。

拥有强大品牌的组织还会鼓励外部利益相关者自我宣传。狄阿波罗舞蹈剧院（Diavolo Dance Theater）执行董事马特·韦尔斯（Matt Wells）表示，"社会化媒体已经改变了游戏规则。我们曾经对品牌过度保护，但如今，我们在YouTube、脸书和推特上发布每次演出的照片和视频。我们将这些行为当作吸引支持者的力量。它远比压抑众人的热情来得有效，因为整个世界已经越发倾向于共享"。组织需要改变思维，接受新的品牌范式，积极吸引外部利益相关者参与品牌的定义和沟通工作。对各种社会化媒体的探索和试验是非营利组织工作的重要环节。这些活动应当为吸引大量外部利益相关者这一目的服务，并进而产生品牌大使。社会化媒体既是品牌民主化的驱动力，又是实现品牌民主化的关键。

通过细分关键利益相关者并根据他们对社会化媒体的选择和偏好来分别吸引他们的参与，能够创造出与利益相关者之间的双向沟通，这为更深入的品牌参与打下了基础。邀请你的支持者来分享自己的故事、照片和对组织网站的建议，将为外部利益相关者，尤其是年轻人提供通道，让他们了解网站的核心内容并参与到塑造品牌识别的过程中。通过分享自己的见解，外部利益相关者将建立与组织及品牌间的关系和情感联系。皇家鸟类保护协会（the Royal Society for the Protection of Birds）的沟通与筹款主任贝丝·托伦（Beth Thoren）邀请那些了解园艺技巧的支持者来分享自己有关保护野生物种的知识，同时吸引他们的参与并促进了组织使命的达成。

詹妮弗·阿克（Jennifer Aaker）与安迪·史密斯（Andy Smith）（2010）在《蜻蜓效应》（*The Dragonfly Effect*）一书中阐释了如何通过了解人们的情感来有效地利用社会化媒体。蜻蜓的"四只翅膀"包括：聚焦——明确一个清楚的目标；用简单的方法引起注意——视觉意义；参与和讲故事（我们随后讨论）；以及采取行动。当你在沟通上有着明确的目标，且能够提供分享故事或采取行动的机会时，就能够与你的受众建立有价值的关系。

分享品牌沟通的责任

当内部利益相关者参与到品牌定义过程中，并用一种私人的、真诚的和有意义的方式来表达品牌时，组织就不再需要严格地对他们进行控制，而将会由基于指导、参与和提供工具的品牌民主化方式来代替品牌监督和控制。部分接受了我们采访的组织正在开展分享其品牌沟通责任的工作，并为这一过程提供指导、模板和工具而非一系列严格的规则和监管。之前我们曾提到过，加拿大基督教青年会（YMCA）致力于实现品牌完整性和品牌民主化。梅根·雷迪克承认，尽管青年会的成员组织提供了积极的反馈和参与，组织之间仍然在"关注地方社区需求"和"品牌整体定位和识别"方面存在分歧。青年会应对这一矛盾的方法之一是为成员组织的品牌工作提供模板和素材。"通过提供工具和模板，我们为成员组织节省了大量时间和资金。它们可以从中进行选择来满足地方社区需求。我们还提供了详细的品牌指导和建议，以及一个图片库供它们使用。"

许多别的组织也采纳了这一方式。Ashoka 全球营销副总裁贝佛利·施瓦兹（Beverly Schwartz）创造了许多沟通工具，将它们保存在组织内部的资源中心以供世界各地的员工使用。施瓦兹表示，与其需要内部利益相关者使用特定的材料并尝试对所有事项进行控制，不如用她的方式让工具作为指导和衡量的标准。她解释道，"我不会说'这些是我想让你们用的模板'，而会说'这里有一些可以自由编辑的模板，你可以根据你的需要来使用，插入自己的内容或换一些图片'"。她还指出 Ashoka 创造出的是一种"模板化"工具——模块化，灵活性，全球适用。她还鼓励人们随意地使用这些模板。"人们可能会有不同，但仍同属一个品牌家族，"施瓦兹总结说，"每个人都喜欢这个观点，它让生活变得简单，人们也逐渐开始注意到使用全球统一素材所产生的功效。使用类似的图片和文字来描述 Ashoka 使得组织看上去更加成熟和团结一致。结果是组织内部对此十分满意，拥有各类灵活模板的资源中心，也被证明是非常成功的。"

易于使用和定制的模板能够创建新的品牌或修缮老品牌，并通过组织保证品牌的连续性。为利益相关者提供他们愿意使用并容易获得的模板和素材能够有效地代替对品牌沟通的监管。当你使用指导取代工具控制时，就会获得更高的灵活性并获得我们之前讨论过的沟通本质的根本转变。然而，为了让品牌民主化发挥作用，你必须得有一个清晰的品牌识别。

劳拉·桑切斯指出，生活城市（Living Cities）为在推特和博客上的沟通制定了规则，并在组织内建立了名为"风采组"（Presence Team）的团队来解析他们的工作，解决问题、培养组织内部独特性并提供训练和指导。BRAC 的品牌与核心价值统一工作让组织能够集中于为员工提供品牌原则方面的培训，划清边界并通过指导取代在所有沟通行为上的官僚审批流程。

对于那些工作于不同地区和文化中的组织而言，与地方受众进行沟通的灵活性是极为重要的。一些组织已经开始关注传播指导理念，而非传播特定的信息或标语。例如，当特奥会规范统一品牌时，是通过文字和图像来表现的。视觉图案让拥有不同文化背景、语言和文化水平的人都能够理解组织的指导理念，亦即品牌的核心。国际助老会也在近期开始了品牌重塑工作，但它并未在对外沟通上保持严格的连续性。成员组织可以对统一的标志做些调整，配上符合当地情况的文字。"观念的传播不同于词语、字体和颜色，它不会因为翻译而受到破坏"，梅尔·保罗解释道。

品牌民主化让组织使用指导、模板和支持工具来管理品牌，这种方式易于实现、成本较低，且能够激发组织的创造力和创新精神。辛西娅·朗德向我们描述了联合之路是如何在与成员组织的互动中不断进步的。许多创意来源于网络并在组织内得到分享。品牌管理内网提供了非常容易获取的品牌指导、工具和适用当地模板，以及图片库。该组织还在集会时举行沟通竞赛和特色展示，评选最佳工作地点、最佳网站和最佳印刷广告。这些活动既让组织实现了"更高的连续性和随之而来的创新性"，同时也提升了员工的荣誉感。

拯救红杉联盟的詹妮弗·贝尼托-科瓦尔斯基对一个强大的品牌如何更好地鼓励创新做了说明——鼓励员工尝试新鲜事物："'你了解我们的品牌'，我对他们说，'好好努力吧！'"品牌民主化和品牌完整性的实现会更好地鼓励员工进行创新，保证他们持续参与并更愿意分享观念和实践感悟。当你为品牌完整性而努力工作时，提供指导和工具是最有效的方式，这会让你的员工对品牌产生深刻的理解。

越来越多的组织选择让品牌形象保持稳定，它们使用能够反映出品牌本质并包含品牌评估工具和指导的内部品牌指南来实现。大赦国际制作了"小黄书"，BRAC 有自己的"红本本"，而"公开支付"则开发了"护照"。这些资料都传达出品牌的实质并包含组织历史、方法论和组织价值等内容。大赦国际通过品牌民主化的过程制作的"小黄书"，它并不要求组织成员记忆其内容，而是传达一系列能够让读者继续发挥的理念。"小黄书"不具有强制性，而是倾向于鼓励创新；它不会冻结品牌，而是为品牌的持续发展做个标记。正如活动与沟通主任马库斯·比克（Markus Beeko）解释的那样，"'小黄书'仅仅是一块里程碑，而品牌在持续地前进和发展中。大赦国际的成员并不会将它视为一本《圣经》。它为我们的相互沟通和与利益相关者的对话提供帮助，但不涉及'小黄书'本身。它给人一种感觉，尽管在沟通中你可能使用不同的语言"（Stone，2011，p.5）。奥马哈社区基金会（The Omaha Community Foundation）的品牌指南包含品牌的诸多信息，如定位、描述组织的主观和客观词汇、标语、品牌故事、受众以及外表和感觉等。在清楚地阐释这些概念之后，指南才为成员提供有关商标、颜色、调色、图像与说明、印刷等细节。此外，该指南中包含了一些应用样本。

尽管起初从品牌监管模式转变为分享品牌沟通的责任并不容易，我们仍然相信如果你有品牌完整性，有品牌民主化方式的支持，你就能促进内部品牌大使的产生，并为他们提供工具和支持，让他们真诚而持续地传播自己的品牌。

138

讲故事

组织开始越来越多地在组织内外使用故事来讲述它们的品牌。这些故事通常出现在办公室的墙上、脸书里或年度报告中，它们能够唤起受益者对相关经历的记忆，以及创始人、捐助者、志愿者和员工的热情，也能够有效地传达组织的使命和价值观。拯救红杉联盟的贝尼托–科瓦尔斯基指出，该组织

"越发重视故事和故事背后的人们对于与所有利益相关者建立联系的作用"，组织将它们收入品牌指南中，确信相比于枯燥的事实，故事更能够唤起内外部人员的共鸣。美国儿科学会（The American Academy of Pediatrics）的基金关系经理吉尔·泰勒（Jill Taylor）对员工进行了故事讲述方面的训练以帮助他们更直接地与组织建立工作联系。

尽管数据对于启发"大脑"很有帮助，但故事能够触及人们的"心灵"，强有力地促进人们与组织建立情感联系。组织创立的故事能够传达热情与价值观，这些可是组织历史的重要组成部分。有关受益者和项目成果的故事则直接表达了组织的使命和影响力。当你训练员工分享他们的故事时，就是增加他们与品牌的联系并促进真诚的态度和积极参与。ETO 咨询公司的主席汤姆·库普里克（Tom Kuplic）说道：

> 我们都喜欢故事，它们满足了我们的基本情感需求——无论是归属感、成就感或发现欲。英雄、导师、护理员和冒险者的故事从远古时代就开始存在于所有文化中，并依然能唤起当今人们的共鸣，让我们感同身受。我们将这些故事称为"原型故事"，而当非营利组织通过采取行动和传递信息来引起某一个故事时，人们会认为自己与组织有更加紧密的联系，因为对这个故事有感——"我知道这个故事！"人们感觉自己知道后面将会发生什么。原型故事还能帮助指导员工采取连续的行动。

汤姆·斯科特讲述他在盖茨基金会的定位时表示，"我喜欢称自己为品牌故事的讲述者。我在基金会品牌工作中的作用就是把我们的故事带给基金会的受众，这项工作可是很重要的"。诺亚·曼杜克向我们指出了讲故事的三大好处。首先，他说，故事"拉近了问题和问题关注者之间的距离……它们对于生动地指出问题的重要性和对策的困难程度很有帮助。'我们能够解决这些问题'这一事实会吸引很多人"。其次，他指出，"讲故事是品牌化的表现之一。在品牌化过程中，你需要定义自身的独特性，实现它并让它被不同成员所了解。工作能够通过故事的讲述来为自己代言"。最后，讲故事还在社会化媒体占有重要的地位，它让内外部利益相关者都能够成为优秀的品牌大使。表 8-3 对我们建议的一些关键活动进行了总结，它们能够通过吸引内外部利益相关者、分享品牌沟通和利用故事来为品牌大使提供支持。

表 8-3　支持品牌大使

要做的事情	如何去做	工具与策略
吸引内部利益相关者	• 建立训练和教导课程 • 建立讨论品牌识别的参与性方式	• 用范式转换来应对质疑 • 为员工的品牌工作建立训练计划和项目 • 成立核心团队、咨询团队和品牌领袖来扩大利益相关者的参与面 • 利用各种形式的集会、会议、静思会让员工和志愿者分享他们对品牌识别的想法和观点
吸引外部利益相关者	• 调查外部利益相关者的认知 • 使用目标社会化媒体来吸引并促进外部关键利益相关者的参与	• 征求外部利益相关者对品牌的意见，包括捐助者 • 使用 YouTube、脸书、推特、海报，并组织与特定外部利益相关者的讨论和分享 • 邀请支持者在网站上展示和分享（图片、故事、建议）以建立联系和鼓励参与
共享品牌沟通的责任	• 发展品牌指导、模板、工具并允诺一定的灵活性	• 在内网上分享不同的沟通模板、照片库、建议和框架 • 撰写品牌指南 • 在组织内促进沟通成功经验的分享
讲故事	• 促进对故事的使用和分享来支持品牌大使	• 训练员工使用不同媒介（视频、照片、访谈、案例研究）捕捉和分享故事 • 向所有利益相关者（受益者、志愿者、员工、捐助者、董事会成员）征集故事，以此传达使命、价值观和对组织的热情 • 在组织内外寻找分享故事的新场所和新方式，在各种沟通中使用传统媒介和社会化媒体

亲和力与影响力

　　品牌亲和力背后的原则在于：为了达成组织的使命并最大化影响力，组织不能独立运作。亲和力意味着组织在合作中使用品牌来实现共同的社会影响力。组织采取品牌民主化的方式，依靠品牌完整性的实现开展工作来强化自己的品牌，这一行为为实现品牌亲和力打下了重要的基础。在这一部分中，我们将讨论三种实现品牌亲和力的活动：关注领域变化并吸引其他组织；表达和宣传共同目标并推出合作品牌；使用开源平台并分享工具与品牌资产。

关注领域变化并吸引其他组织

我们在先前章节对品牌亲和力的阐述中指出，实现品牌亲和力的第一步在于让组织的品牌识别、价值观、目标和变革理论具有独特性，并在"通过品牌民主化实现品牌亲和力"的章节中详述了具体实施方法。同时，我们讨论了定义一个组织相对于其他组织的定位和差异化为何是定义品牌识别与辨别能够达成更大范围影响力的合作者的重要前提。明晰组织的变革理论还能够让非营利组织分辨出那些需要通过潜在合作者来填补的差距。

为了实现品牌亲和力，一个组织需要了解它所处的生态环境、塑造环境的趋势和力量以及环境中的关键要素与行为者，而捐助者与其他行为者通常是这些信息的重要来源。对信息分享或信息网络进行规划能够帮助组织了解不同行为者的所做所想，并促进潜在协作的建立。避难点的萨沙·查诺夫十分关注领域内协作与合作的重要性，并积极参与到美国避难委员会（Refuge Council USA）——一个欢迎难民并提供保护的组织联盟中。"我们正在集中于加强对难民的支持与帮助，而协作在工作中处于重要的地位，"他解释道，"理解其他组织在这一领域中扮演的角色让我们明确自己的角色，也让我们共同推动为弱势难民提供帮助的计划。"

戴恩县联合之路〔United Way of Dane County（Wisconsin）〕营销主管史蒂夫·门登（Steve Mendez）推动了一次转变——让组织的社区发展工作方法体现出品牌亲和力。"我们将自己视为社区的召集人，"他解释说，"我们用联合之路这一品牌及其信用来召集不同领域的合作者，它们能够帮助我们应对社区中的某些特殊问题。"这一社区影响模型通过对特定目标和参数进行定义并整合每个合作者在整体变革理论中所处角色的清晰理解，协调了所有参与者的工作。联合之路的社区影响力主管们能够分辨出适合解决特定问题的合作者并吸引它们的参与。他们召集问题专家、拥有金融资产的合作伙伴以及对于任务成功极为关键的社区领导。"'联合之路'就像是引导整个合作过程的整体品牌"，门登说。"通过使用这一品牌，"他补充道，"我们能够获得更多可用资源，并让人们汇聚在一系列共同目标的周围。"

协调人与召集人的双重角色不仅需要了解不同领域中对特定问题感兴趣的行为体（如教育或老年扶持），还需要理解联合之路这一品牌为合作关系带来的定位和召集的独特价值。在本案例中，品牌吸引了合作者并为协作社区工作提供了稳定性。正如先前所述，明确自身的独特贡献并与能够从变革理论角度补充或强化影响力的组织进行接触是辨别合作者和实现品牌亲和力的重要步骤。

许多受访者告诉我们，他们会突然或偶然遇到一些合作机会，而这些机会常常不能让他们在提升使命影响力方面获得成功的结果。你必须主动寻找对组织有帮助的合作者，向它们提供你的定位、变革理论和独特的价值贡献。一个清晰的品牌识别将会决定并吸引高质量的合作机会。

表达和宣传共同目标并推出合作品牌

我们的研究显示，当组织关注共同的外部目标或共同事业时，协作与合作就会取得更大的成果。马萨诸塞州儿童信任基金（The Massachusetts Children's Trust Fund）前公共教育主任谢林·泰瑞尔（Shereen Tyrrell）向我们描述了组织对共同目标的重视是如何帮助他们克服有关"组织是否在争夺同一捐助资金来源"这一疑虑的。"我们能够区别于其他竞争者的原因在于我们扮演着不同的角色，但最终我们都致力于防止对儿童的虐待"，她解释道。"当资金来源很充足时，"她补充说，"协作就会变得更为容易，但我们最终要推动的工作也正是我们的'竞争对手'所要推动的。因此，尽管存在竞争关系，我们依然会为它们在筹款上取得成功而感到高兴，因为我们有着共同的目标。"对共同目标的关注能够吸引合作者，并为协作和品牌亲和力的发展提供环境。

品牌亲和力的特性之一在于分享信誉并推广合作者品牌来最大化整体影响力的能力。SumOfUs.org 将自身描述成"一项包括世界各地消费者、投资者和工人的全球运动，团结一致、共担责任"。它依赖合作来实现自身的影响力并将自己定位成其他在线组织者的合作对象。其创始人兼总经理塔伦·斯泰恩布里克纳–考夫曼（Taren Stinebrickner–Kaufman）表示，当组织的活动成功时，它尤其避免独占成功的名声。反之，组织认同活动中的成员并承认合作

143

联盟在改变影响力方面的重要性。SumOfUs.org 明白，尽管这样的做法不能将自己品牌的潜在曝光度最大化，但可以帮助组织与合作者保持积极而建设性的关系，鼓励协作与资源和信息的共享，进而带来更大的共同影响力。

促进合作品牌曝光度的提高不仅会增加整体影响力，还会强化你作为"有价值的合作者"的形象。许多受访者也响应了成为合作对象这一概念，表现出"合作意识"以及成功管理合作关系的能力会让组织吸引更多的合作者。正如来自苏格兰佩斯利基布尔教育与护理中心（Kibble Education and Care Centre Based in Paisley, Scotland）的捐助、营销和沟通经理莱斯利·富勒（Lesley Fuller）所说，"合作关系的增长——组织的各级员工与其他组织展开协作，被邀请加入网络、参与各种会议、获得其他慈善或社会企业董事会中的管理职位——已经成为基布尔在过去十年间经历的重要变化之一"。由于品牌曾被他人消极地视为"封闭的机构"，以及公众几乎不了解基布尔的实际工作（年轻人被警告"如果你不好好表现，就会被送到基布尔去"），该组织正在频繁地寻求与大学、研究者、地方社区团体建立合作关系。富勒相信这一

144 结果在一定程度上源于组织定位清晰、立足本地和扎根社区，并且还证明了自己是一个有价值的地方合作者。价值的证明反过来增加了品牌资产并促进了使命的达成，这对于品牌亲和力的工作十分重要。事实和数据证实了合作关系的好处，它们将帮助你克服组织内有关与竞争对手进行合作的疑虑。

在林肯中心的案例中，有关成员行为的数据让组织的合作者能够发展并实施一套服务于这些成员的一般战略。林肯中心模仿了一种在费城使用过的方法——让针对艺术赞助人的顾客研究来促进与其他非营利艺术组织的协作。数据不仅能够被用于发展品牌亲和力，还能够以历史数据的形式从对其他组织的成功与失败的学习中获得。林肯中心的彼得·达芬率先在纽约采用了由费城传来的品牌亲和力方式。对比数据和最佳实践的数据将对那些寻求通过对尝试和试验新方法来塑造和管理品牌的组织有很大用处。

世界厕所组织的杰克·西姆通过重视合作关系及如何利用其他组织的资产和优势来建立自己的组织。他将所有人视为潜在的合作者，并非常关注他的组织能够为这些合作关系带来的价值。"例如，我为记者们讲述了一个关于粪

便的很有趣的故事，而记者们帮助我进行媒体宣传并增加了工作的声望。如果一个政客与我站在一起，他同样会得到媒体的正面宣传，并反过来帮助其他非政府组织和我们的合作者。"对合作者需求的认识让你能够创造性地并有效地为不同的合作者提供价值，而这通常只需很低的成本，甚至没有成本。

使用开源平台并分享工具和资产

非营利品牌及其组织能够极大地从网络平台的威力、社会化媒体的普及和开放创新中获益。尤其是像女孩效应这样的运动品牌，已经能够成功地通过社会化媒体获得关注和支持。这些成功的组织利用开源平台和各种形式的众包来扩展组织的边界并为组织及其社会使命吸引更多的关注和支持。对于这些组织而言，品牌与品牌资产的"所有权"这一概念在本质上就是不同的；它们通过品牌资产被支持者及合作组织使用和分享的广泛程度来衡量自身的成功。

威尔·诺维–希尔兹利将这种现象称为"比（你）更大"，并指出这些品牌超越了组织边界，还展示出了他口中的"品牌慷慨"（Brand Generosity）。赋予合作者使用品牌资产和工具（视频、照片、故事、数据和模板）的能力提升了透明度和信任，进而推动协作并提升影响力。因此，我们的建议是，将赋予合作者使用品牌资产和工具的能力这一行为与促进共同目标这一目的一同考虑。在品牌民主化中，我们提倡在内部分享模板和工具，品牌亲和力则将同样的方法扩展到外部合作者之中。

正如捐助者和受益者的角色正随着组织边界的越发模糊和开放创新而变化，合作者在达成使命的过程中扮演的角色也在改变。通过将合作者与支持者视为团队成员，并允许活动脱离传统组织边界的桎梏，"孩子的免费午餐"（Free Lunch for Children）——中国的一家非营利组织迅速蹿红。在成立的头八个月中，这个由志愿者运营并由政府旗下的中国社会福利基金会（China Social Welfare Foundation）提供部分支持的组织，从 6 万名捐助者手中获得了近 300 万美元的资金，它正在为五万个儿童提供免费午餐，并为想要复制这一样板的政府项目提供帮助。透明度和开放度是其创始人邓飞（中国知名记者）所追求的关键价值，而组织的所有数据被公布在新浪微博（中国的推特）上。每家合作学校都有自己的新浪微博，它们每天在上面公布采购、菜谱和接受服务的儿童数字等信息。在最近的一次采访中，邓飞表示："作为一位资深的调查记者，我知道信息透明度是一条生命线，同时这也是我个人的原则。免费午餐公开了所有现金流数据，我们欢迎微博用户监督我们的活动。"微博是让合作者和支持者通过捐助、信息扩散并追踪项目进展直接参与到活动中的平台。每个人都能成为活动成功的一部分，这为个人提供了参与和控制的经验，而这在中国尚不多见。使用开源平台能够深化你的共同目标并为你的社会目标获取更广泛的支持。表 8-4 总结了通过关注领域变化并吸引其他组织、表达和宣传共同目标、使用开源平台这三点来塑造品牌亲和力的建议。

表 8-4　亲和力与影响力

要做的事情	如何去做	工具与策略
关注领域变化并吸引其他组织	• 寻求分享信息的机会，了解行业动态和关键行为主体 • 积极接触潜在合作者而不是被动回应	• 与捐助者进行接触以获得有关行为主体和构建生态环境力量的信息 • 召集行业内其他组织开展信息共享 • 加入联盟和行业协会 • 在可能的情况下承担协调者和召集者的角色 • 在对使命和变革理论理解的基础上建立对潜在合作者的判断标准
表达和宣传共同的目标并推出合作品牌	• 定义并推动共同目标与共享社会愿望或变革理论 • 提升合作品牌与共同主题的能见度	• 在与其他行为体的对话中关注共同外部目标 • 为成功而与其他行为体分享空间、能见度和信用 • 通过用具有创造性且低成本的方法增加价值来成为合作对象 • 使用数据和事实来证明价值并获得合作关系
使用开源平台并与合作者分享资产与工具	• 建立开源平台来吸引合作者发展并使用品牌工具和资产 • 让品牌工具和资产能够被广泛和免费地获取	• 创造能够让合作者用于支持共同社会目标的视频、照片、事实清单、海报和故事 • 邀请合作者分享他们的工具并参与到共享资源和活动的发展中

衡量品牌化活动的影响力及投资回报率

有时我们会被问到，一个组织该如何评估其品牌或品牌化行为是否成功，如何判断在品牌管理上投入的时间和资源获得的回报？在品牌被视为筹款工具的时期，捐助或筹款影响力的提升是一种常见的衡量指标——那些尝试衡量自身品牌价值的组织通常会使用预期筹款贴现法。我们认为，这种狭隘的品牌价值观和有局限的衡量方法是有问题的。Harris Poll EquiTrend 用对品牌健康度的评估取代了品牌价值，使用消费者意识、消费者如何积极地看待品牌、捐助品牌的意向作为衡量标准。尽管这些标准更加细致，但仍然是将品牌健康程度等同于其筹款的能力。品牌价值与品牌健康度都未能抓住非营利品牌所扮演的更为广泛和战略性的角色，且二者都建立在旧的品牌视角而非新的品牌范式之上。

在评估品牌影响力和优势时使用统一标准的观点是十分诱人的。然而考虑到品牌在非营利组织中吸引合作者、塑造内部凝聚力和提升社会影响力的复杂战略角色，实用的或有说服力的标准将很难出现。正如组织难以衡量战略发展或战略计划的投资回报一样，衡量品牌化的投资回报也是极为困难的。作为替代，我们建议使用第四章中描述的品牌周期角色作为评估品牌在组织达成使命方面所能造成的影响。我们尤其建议将组织凝聚力和外部信任视作组织有效和高效达成使命的基本前提和强大品牌的标志。我们意识到，组织凝聚力和外部信任不仅是强大品牌的产物，其他重要因素，如个人领导力、特定环境也都扮演着关键的角色。因此，那些通过品牌完整性、品牌民主化和品牌亲和力构建的强大品牌，正如我们之前探讨过的，将会有很强的凝聚力和信任感。

品牌周期角色（见图 4-1）描绘了一套循环流程：品牌识别与形象（品牌完整性）带来凝聚力和信任，联系能力与影响力，并返回来强化了识别和形象。对识别和形象的反向强化产生于你的组织执行任务的时候。（组织内外的）人们会发现组织正在做（或不在做）组织自己所说的事情，成功地（或不成功地）吸引了人力资源、资金和组织资源并提升了组织能力。认知建立在这些观察的基础上，它同时表达出组织内对品牌识别的理解和外部形象。我们听到许多人表示"我们的工作定义了我们的品牌"。当你的品牌与组织使命和战略保持一致时，这一点就会变为现实。此时，组织的工作最终会强化你的品牌。

组织凝聚力、能力和影响力

组织凝聚力是优秀品牌管理为组织内部带来的主要利益或成果。对通过品牌民主化来塑造品牌完整性的投入将带来一个更团结的组织，并有助于雇员、董事会成员和志愿者建立信任、参与、承诺和动力，他们将聚焦于决策的制定并在品牌规定的"白线"范围内采取行动。因此，组织凝聚力将提升组织工作的有效性和效率，带来更好的决策、更少的使命偏失，同时更强的组织能力——这些都将直接提升组织影响力。

有趣的是，品牌作为使命的表现，实现了 Sharon Oster（1995）指出的使命陈述的三大功能。"使命陈述有边界功能，激励员工和捐助者采取行动，并为组织的评估过程提供帮助"（p.22）。通过品牌民主化塑造品牌完整性的过程能够指导董事会和员工的运营决策（边界功能），鼓励并吸引内外部利益相关者（激励功能），以及成为评估组织成功与否的因素之一（评价功能）。

公共教育基金会（Public Education Foundation）为通过品牌化过程塑造凝聚力提供了案例。员工重新定义了品牌识别，将它与组织使命和价值观联系在一起，让它与外部形象保持统一，重新设计了网站并积极地鼓励人们成为品牌大使。除了提升品牌独特性，品牌化过程本身也影响了组织的内部能力和组织凝聚力。"品牌 IDEA 框架和过程为我们的组织带来了凝聚力"，克丽丝塔·佩恩强调。"我们中的许多人现在认识到沟通的价值，人们感受到他们正在扮演着某种角色。讨论品牌成了每个人的责任，因为每个人都在帮助建设品牌。"下面是一些可能会在对通过有效品牌管理获得组织凝聚力进行评估中用到的指标：

- 齐心协力的感觉
- 专业与个人参与的程度
- 决策的一致性
- 个人和组织的感知有效性

● 组织达成使命能力的感知变化率

样表 8-1 展示了一个简要的调查问卷，它可以被用于获取三种关键内部受众的指标：董事会成员、员工、志愿者。当然，你一定会根据特定情况设计出与组织联系更紧密且个性化的调查问卷。匿名调查会增加数据的信度。从特定问题入手，以开放性问题结尾将很好地反映时间带来的变化，并揭示组织遇到的一些新问题。每隔一段时间使用问卷评估一下针对组织凝聚力的特定品牌化活动。

样表 8-1　衡量凝聚力和有效性　　　　　　　　　　150

请用数字 1~5 来回答以下问题，5 为最大。

你如何评价你的组织成员（包括自己在内，对组织使命和战略理解的共同程度）？	1	2	3	4	5
你和同事在基于使命和战略上开展工作的一致性如何？	1	2	3	4	5
你觉得自己参与组织达成使命和战略执行的程度如何？	1	2	3	4	5
你在组织中的总体感觉如何？	1	2	3	4	5
你做出专业决策的容易程度如何？	1	2	3	4	5
你的组织的有效性程度如何？	1	2	3	4	5

请用几句话回答以下问题。

你的组织是否提升了达成使命并形成影响力的能力？为什么或为什么不？	
你认为组织的凝聚力相较于以前是提升了还是下降了？	
你的组织能够怎样在达成使命和获得影响力方面变得更有效？	

外部信任

信任来源于组织对承诺的兑现，是优秀品牌管理的主要成果。清晰的品牌定位、集中的品牌形象和高度的品牌完整性都有助于建立信任。你通过品牌民主化和品牌亲和力对品牌完整性建设的投入将会在受益者、捐助者以及各种合作者中产生更深的信任。吸引利益相关者意味着在个人和情感层面上与他们建立联系，而这正是信任的基础。外部受众的信任将会让组织更好地

151 通过吸引社会资源和人力资源并建立关系而提升能力；受益者的信任对组织
有效地完成项目十分重要；捐助者的信任则对于那些不能对组织的服务水平
做出判断的人群而言至关重要。合作者的信任是参与协作的关键所在。我们
在这里使用一个面向三类受众的调查问卷。这些工具集中在信任的指标上，
且包括对每个成员都有很重要的其他方面。样表 8-2 是一个可根据具体组织
进行调整的调查样本。

样表 8-2　衡量外部信任和能力

请用数字 1~5 来回答以下问题，5 为最大。

你对于某组织兑现其承诺的信任程度如何？	1	2	3	4	5
你对于某组织有效地完成工作的信任程度如何？	1	2	3	4	5
你对于某组织表现其价值的信任程度如何？	1	2	3	4	5
你觉得某组织回应你的需求的程度如何？	1	2	3	4	5
某组织在多大程度上是你在该领域活动中的首选？	1	2	3	4	5
某组织达成其使命的有效性如何？	1	2	3	4	5
某组织开展其工作的效率如何？	1	2	3	4	5

请用几句话回答以下问题。

某组织的何种行为将会获得你更多的信任？	

152 　　需要强调的是调查问卷中的测项都是些简单的问题，可以根据组织的具
体需要和客观环境进行修改。并且，我们相信每天都有机会收集到内外部利
益相关者关于组织凝聚力和信任的态度、信念等方面的非正式、定性的信息。
正如我们之前谈到的，通过长期不间断的测量来评价无论是新注入的还是延
续至今的品牌内涵都是相当重要的。

总　结

　　许多非营利组织认为建设和管理品牌既困难又耗钱，而我们相信每个组
织都能够进行品牌管理。品牌管理不是简单地推出一个酷酷的新标识或斥巨
资打广告，而是开发共同的内部品牌识别，通过品牌民主化塑造品牌完整性

以及用品牌亲和力来最大化影响力。本章为实现这一目标提供了一些指导和具体策略，从思维的转变到对品牌是什么及品牌能为组织做什么的认知。通过品牌民主化塑造品牌完整性需要大量时间、耐心和坚持，但价值既存在于这一过程中并提升组织凝聚力和外部信任，也存在于最终成果——一个集中的品牌识别与更高的品牌完整性中。广泛的参与和持续的教育是这一过程的关键组成部分。建立品牌亲和力绝不仅是建立合作关系，它还反映出新的思维，而这一思维需要组织深刻理解生态环境、建立并聚焦于共同的目标，为他人增添价值并分享品牌资产，其目的是社会影响力的最大化。

第九章　具体情境下的品牌 IDEA

　　在先前的章节中，我们就如何实现品牌 IDEA 进行了讨论，提供了一些关于活动和工具的建议来帮助非营利组织通过品牌民主化实现品牌完整性并塑造品牌亲和力以获得更大的影响力。我们还简要地介绍了一种衡量在品牌工作上的投资所获得的影响力或回报的方法。在本章中，我们将在具体情况下分析品牌 IDEA——基于不同类型的组织，以及组织在生命周期中的不同节点。

不同情境的品牌管理

　　品牌 IDEA 框架适用于所有非营利组织，无关乎它们的规模大小、发展阶段和关注领域。在这一部分中，我们将探究非营利组织经常会遇到的一些典型的品牌管理问题，并描述品牌完整性、品牌民主化与品牌亲和力能够在其中扮演的角色。

品牌建设

　　对于新成立的组织而言，品牌是与组织本身一同诞生的。品牌和使命、价值观以及战略一样，可以被定义和完善。品牌塑造作为构建和提升组织的
一个步骤，从某种程度上来说是品牌管理挑战中最为轻松的一个。一致性产生于建立之初，而那些接受利益相关者参与各方面的工作的新兴组织会自然而然地将这种参与扩展到品牌建设过程中。

　　然而，对于许多当下的组织而言，品牌与品牌管理问题并非传统的关注重点，尤其在品牌直到最近才摆脱筹款工具这一印象的情况下。我们接触的许多组织依然怀疑品牌管理将带来的好处和功效，而其他组织则凭借直觉，没有使用品牌管理框架和专业语言来管理品牌。这些组织或许只是刚开始思考如何将品牌管理和品牌建设活动纳入战略和运营决策之中的问题，它们需要首先关注内部品牌化和有关品牌的指导。

　　斯瓦米·维韦卡南达青年运动（The Swami Vivekananda Youth Movement, SVYM）在组织的成长中越来越多地采用品牌管理方式。该组织在印度的发展工作从斯瓦米·维韦卡南达先生的生活和价值观中汲取灵感。起初，巴拉苏布拉马尼亚姆博士表示品牌会随着组织使命的达成而自然生长。然而随后，他逐渐采用品牌管理方式有意识地建设品牌，强调组织的价值。"我认为，品牌建设与其概念、发展理念、合作关系、维韦卡南达先生以及他的价值观有关。"巴拉苏布拉马尼亚姆博士重视通过组织文化来传授这些价值并让它们反映在品牌识别之中，同时他也意识到"品牌并不能单独工作，它必须与整个生态系统相融合"，因此，组织内部的一致性也需要考虑外部环境和利益相关者等因素。常规会议和静思会确保"能够时刻提醒员工我们在做什么以及为什么去做"。为了支持实现可持续发展这一目标，该组织通过吸引利益相关者并让他们直接推动"真正基于社区的发展——由社区来设计并发生在社区的事情"的计划来实现品牌民主化。这种方法需要组织与他人合作。"我的模式不仅限于 SVYM，包括所有关心自我成长和心境平和的人们……我们的理念是'越多越快乐'。"巴拉苏布拉马尼亚姆博士还着手塑造品牌亲和力。"你只有意识到合作的必要性，才能够真正影响国家和其发展，"他总结道，"而这意味着你需要向所有人展现你的品牌。"这种有意识的、全方位的品牌建设方法与品牌 IDEA 框架是一致的。

155

品牌重塑

　　品牌管理是一项长期过程，它必须适应环境的变化和组织的发展。对于许多组织而言，当它们的品牌识别和品牌形象不再一致并进而削弱品牌完整性时，品牌重塑或品牌化就变得十分必要。对于那些项目和活动已经随着时间发生改变，而品牌形象依然与组织的初始或传统认知保持统一的非营利组织而言，就更是如此。

2012 年，美国女童子军［Girl Scouts USA（GSUSA）］成立 100 周年之际，广泛开展了品牌重塑工作，尝试重振自己的品牌并保持其存在意义。这一工作建立在一项广泛的市场调查之上，该调查指出内部品牌（识别）的价值与核心客户对品牌（形象）的认知之间存在差异——这被称为"野营与饼干"（Camping and Cookies）。GSUSA 营销总监萨伦·李·唐尼（Sharon Lee Thony）解释道，"尽管我们的使命依然是让女孩们获得勇气、信心，努力让世界变得更好，以此为使命的战略和项目已经随着背景和环境发生了改变"。唐尼相信近来的品牌重塑的成果来源于秉持组织的使命和核心价值观，应用外部数据来指导变革并从内部为品牌重塑过程提供支持。"当我们重塑品牌并创造出一个新的识别时，我们坚持把绿色的三叶草作为标志，把使命陈述作为品牌识别的三大核心元素——它们自从 1912 年品牌建立时就始终如一。我们还强调这些变革来源于客户观念和当下女孩需求的变化，我们内部则更多地参与到品牌重塑过程中。"

组织的关键受众和主题也会随着项目而改变，这也会削弱识别和形象的一致性。拯救红杉联盟的案例就是如此：当该组织意识到它的关键主题和受众都发生了变化时，开始了品牌重塑工作。詹妮弗·贝尼托-科瓦尔斯基解释道，"领导层发现我们需要建立与下一代红杉树大使的联系，因为捐助者的平均年龄已经达到了 67 岁高龄……我们决定重塑品牌，让它更贴近下一代，更适应加利福尼亚州人口结构的变化"。组织面临的挑战也发生了改变：不再对抗伐木公司，而是应对气候变化，这需要战略和品牌识别同时发生转变。

品牌重塑计划的范围取决于品牌识别与使命、战略间存在多大的差别，也取决于品牌识别与品牌形象间存在多大差别。在某些情况下，这一过程将会变得既冗长又复杂，涉及大范围的利益相关者耗费数月乃至数年时间；而在其他一些情况下，品牌只需简单调整就能保持一致性和相关性。

改变品牌名称

作为品牌建设或品牌重塑工作中的一部分，组织有时会面对是否改变品牌名称的决策。例如，社会责任教育者（Educator for Social Responsibility）最近意识到它们需要进行品牌重塑；而作为其中的一部分，组织需要变更名称，因为该组织面临的主要问题来源于模糊的名称在组织外产生的品牌形象混淆。出版物与沟通主管吉尔·戴维森（Jill Davidson）为此表示，"名称给我们造成了很大阻碍，因为它并不准确，也不能反映我们所做的事情。人们根据名称形成了错误的认识，并将我们与反欺压活动这样的事物联系在一起。然而，我们关注的内容远比这广泛得多，比如学术成就等"。

一些与我们进行交流的非营利组织也面临着与社会责任教育者类似的情况，即组织名称不能准确反映组织使命或与组织期望的品牌形象不符。也有不少组织只有品牌简称为人所知，而简称并不能提供任何有关组织的工作或使命的指向。当然，组织需要在使用一个真正反映组织及其任务的新名称（并进而帮助组织建立品牌完整性）与维持一个不能传达信息或将造成困惑的名称间进行权衡，这将随着时间的推移获得认可并在特定利益相关者中形成品牌资产。尽管我们承认这一过程需要大量工作并将遇到不小的阻碍，我们依然认为如果一个品牌名称妨碍了组织关系的发展，无论是缺少意义还是造成了错误印象，组织都应该考虑替换掉它。

改变品牌名称这一决定会在组织内外引发一系列反应或沉默，然而它将是一个探讨组织使命、工作和战略推进的绝佳时机。大多数改变了名称的组织，尤其是那些使用了品牌民主化方式的组织，从更高的品牌完整性和各种新关系中持续获得收益。避难点的案例正是如此，该组织原名 Mapendo 并在2010 年更换为现在的名称。萨沙·查诺夫在谈到改变名称的决策和益处时说道：

Mapendo 这个名称给组织的业务开展带来了阻碍。我们的目标是保护那些处于危险中的难民，不论种族、国籍或其他任何差别。然而，由于我们的早期活动集中于救助和保护刚果难民，我们的形象就变成了一个针对刚果难民的组织，这种认知上的偏差阻碍了我们的工作并限制我们保护其他最危险的难民群体。此外，这一名称比与我们的工作相关的普通英文名称更难记忆。我们的新名字 RefugePoint 解决了这些问题，它源自我们与难民的讨论——他们就是用这个词汇来描述我们的。如今，不同的利益相关者都能很快辨别出我们的新名称并轻易记住它；同时，业务伙伴和难民对我们的认知偏差也消失了。尽管我们肯定对最初的名字有感情，我们的利益相关者们——从难民到董事会成员、员工、合作者、捐助者，都喜欢新的名字。

不止一个名字有助于讲故事，也将组织形象与识别，并最终将它们与使命和价值观联系在一起。然而，需要指出的是，名称最好简短而便于记忆，它们并不需要传达品牌的所有属性。

管理子品牌

一个组织有时会管理不止一个品牌。这既可能通过一种自然的方式发生，比如子品牌随着新的项目而出现；也可能在精心准备之后出现，比如组织建立一个新品牌来应对某一特定群体的利益相关者。事实上，这一情况最有可能出现在那些尝试应对地方需求和状况的分散型组织中。恩派公益组织发展中心（NPI）已经参与了百余家非营利组织和社会企业的创建，它拥有八个子品牌来为中国的非营利组织提供帮助并提升它们的能力，这些组织覆盖咨询、社区服务、筹款、风投平台等，每个平台都有自己的品牌和标志。"平台品牌与恩派之间存在差异，因此，我们需要了解这些品牌如何才能最好地共存"，李丁解释道。

当子品牌发展出自己的识别并建立起品牌资产时，保持它与母品牌的联系就变得较为困难。当子品牌的名声削弱了母品牌时，组织就会失去发展子品牌最初所获得的潜在收益和协同效应。"超越"（Breakthrough）是一家拥有多项成功活动的人权组织，人们对其活动的品牌认知超过了该组织本身。组织领导层意识到，由于活动并不总是与组织品牌相连，"超越"无法有效利用不同活动带来的成就。玛莉卡·达特向我们解释了他们的对策："为了应对这一问题，我们决定开展品牌识别工作：我们让组织内部认识到建立组织品牌识别——并确保所有的活动都与之相联系——是十分重要的。我们的思维发生了转变，更加关注工作方法而不仅是问题和目标。我们的识别是关于我们是谁、如何思考以及工作方式，我们想要与其他组织分享这些内容。"尽管这样的让步具有一定的风险，并可能让组织损失强子品牌带来的影响力，我们确信保持一个强大的组织品牌才是品牌管理的重要目标。"超越"就选择了工作方式与方法论作为组织品牌的共同主题。

子品牌应当支持整体的组织品牌，与之保持联系并为提升组织品牌的影响力做出贡献。我们常常发现子品牌或双品牌会让利益相关者感到混乱，并导致组织结构松散，缺乏凝聚力和聚焦共同使命以及发挥影响力的能力。尽管我们理解组织为新项目或特定受众建立品牌的需求，我们依然相信非营利组织应当尽量使用单一而强大的品牌，这将让组织更有效地最大化其影响力。

活动与运动品牌

159

正如我们在先前章节中所说的那样——每个事物都有品牌，其中也包括活动、改革运动和社会运动。有时我们会被问及："一个品牌与活动、改革运动、社会运动的区别是什么？"在本书中，我们已经详细讨论了组织品牌和品牌管理，现在我们将探讨组织品牌与活动、改革运动、社会运动品牌的关系。我们认为，活动的时间一般较短，而目标则集中在创造特定的形象、提升认知度或推动某项特定行动上。尽管一项活动可能会依附并使用组织的品牌，但它更多的是反映品牌，而不是定义。改革运动则往往时间更长、目标更广泛，因此情况也并不相同。事实上，越来越多地参与到改革运动市场中的营利公司希望改革运动品牌能够正面反映公司的品牌，而关键受众的认知会因这样的联合而变得更好。那些拥有知名大品牌的非营利组织经常将自己的品牌与某一改革运动紧密联系在一起，因而组织将代表这一运动，运动品牌与组织品牌也将拥有同样的含义。大赦国际（Amnesty International）、红十字会（Red Cross）、世界自然基金会（WWF）正是这样的例子。品牌 IDEA，尤其是品牌亲和力将在活动与改革运动品牌的管理中发挥重要的作用，但我们相信它在社会运动品牌的创建和管理中扮演的角色甚至更为关键。

当今社会对社会运动及其引发社会变革的潜在能力抱有极大的兴趣和热

情。一些作者认为，信息与沟通技术的发展让人们能够在没有传统组织正式结构的情况下将自己组织起来，而"这在解决问题方面与传统组织形式展开了竞争"（Shirkey，2008，p.22）。Shirkey 指出，社会运动与非营利组织之间存在直接竞争；社会运动能够更好地解决社会问题，这暗暗地削弱了非营利组织的地位。其他学者则认为非营利组织应该适应社会运动的发展并参与其中，甚至起推动作用。Darell Hammond（2011）在他的书中指出，越来越多的非营利组织正在"将使命转变为社会运动"（p.154）。

160　彼得·曼佐（Peter Manzo）在《斯坦福社会创新评论》（*Stanford Social Innovation Review*）上发表的最新文章中对斯科特·古德森（Scott Goodson）撰写的《上升：如何通过发动文化运动创建品牌并改变世界》（*Uprising：How to Build a Brand and Change the World by Sparking Cultural Movements*）做了回顾，并表示该书中最具说服力的运动营销（即通过接受人们相信和关心的事物与他们建立联系）案例描述的对象是"改革运动、社会运动本身即是品牌"的非营利组织和社会企业（p.16）。曼佐还指出一些私人营利公司试图通过活动来进行类似的运动营销，但它们通常"缺乏在社会运动上的齐心协力"，因此，他认为这些运动"必须要同时追求共同目标和社会变革"才能获得成功（p.16）。古德森本人强调社会运动应该开放与共享的重要性，这与放弃对品牌和信息的控制同样重要。这些都是我们在品牌亲和力与品牌民主化中所推崇的基本内容。

我们接触的许多组织已经开始建设社会运动品牌，利用它们来吸引更多合作者的参与、推广分享所有权的概念、施加更强的整体影响力并使组织的接触面和影响力超越没有运动品牌时的状态。值得注意的是，为将合作者们聚集在同一口号下以推广共享社会目标这一目的而创建的一个运动品牌与推广子品牌是完全不同的，后者将导致困惑和品牌淡化。所有品牌的成功关键都在于拥有清晰和定义良好的识别与形象。从某种意义上说，运动品牌是品牌亲和力的最终表达形式——组织邀请所有人在同一口号下进行参与并推动一个共同的外部目标。

东北印第安纳地区合作组织（Northeast Indiana Regional Partnership）营销

主任考特尼·特力特斯（Courtney Tritch）详细阐述了他们决定设立一个独立的社会运动品牌的理由。"我们创立了'愿景 20/20'（Vision 20/20）品牌，这是一个拥有自己的标志和品牌的项目，其原因之一就是我们希望所有人都能够拥有它。我们希望让所有人去支持一个运动而非一个组织。我对此感到十分紧张，"她承认，"但我们设计了一个在视觉上与组织品牌相联系的标志并让标志和文字融为一个整体。我们还让大家都能够在网上下载并使用，这使品牌更为强大并创造出更多的成果。"对运动品牌化的期望与品牌亲和力合作关系中的其他形式类似——运动带来的整体影响力将大于组织参与运动之前各自的影响力之和。

将不同行为主体聚集到一个改革运动中将使政策改变（相比于其他事物）更为高效。克里斯汀·特利瑞特在 TckTckTck 的经验正反映出这一点，他表示"如果你能展现出世界各地正发生着一些事情，它们是有关联的，这些事情的行为主体也不是没有关系，只是彼此不知道是谁，也没在同一个口号下行动……但是如果你告诉大家这是一项社会运动，你就会拥有更强的力量，对最终目标受众或决策者产生更大的影响"。

在受访者中，尤其是在小型组织或年轻组织中，开展社会运动并成立品牌也被看作是为一种创造比单个组织更大的社会影响力的途径。善淘网的周贤表示，"我们在许多方面尝试改变中国慈善事业的传统规矩。我们想要让人们用一种简单自然的、传播某个价值的方式参与到'做好事'中"。希腊前沿是另一个意识到自己工作的影响力比其直接影响范围更广的小型组织。帕纳约蒂斯·韦拉凯奥斯相信与其他运动的协作将会产生更大的影响力，他解释道，"我们的运动产生了良好的溢出效应，它重新激活了一系列其他类似的运动"。"当我们推动合作时，所有人都会变得更好——无论是对社会还是对我们这一代人。"

耐克基金会引领了女孩效应运动品牌的发展，艾米丽·布鲁则强调了利用耐克的营销能力和力量这一决策。"我们被驱使着使用耐克独特的创新方式来解决公司商业利益以外的问题"，她解释道。基金会并不想只是付钱，而是期望发挥比小基金会大得多的影响力。"我们想要成为推动需求产生的催化剂，"

布鲁总结道，"我们希望很多人加入进来共同创造需求。"(Kylander，2011，p.2)
耐克基金会的确实现了这一目标。一些人表示，基金会已经改变了应对年轻
女孩发展问题的方式和其在缓解贫困问题上扮演的角色。

兼并与收购

非营利领域中的兼并与收购现象将会持续增加，而我们相信品牌 IDEA 将
会成为对评估这些活动极为有用的框架。波士顿基督教女青年会（YWCA
Boston）最近吸收了两个较小的组织。该机构主席兼 CEO 希尔维娅·费雷尔-
琼斯（Sylvia Ferrell-Jones）对这两家组织的并购和品牌所起的作用进行了解
162 释。"在第一起并购中，"她说道，"该机构是一家在寻找慈善机构支持方面非
常有影响的志愿者组织。他们被基督教女青年会的品牌吸引而来，因为视此
品牌是一个强大的、有舒适感的品牌，且我们与他们的活动存在明显的一致
性。而在第二起并购中，该组织是一家独立的 501(c)(3)① 机构，我们需要
他们的知识产权。我们在这起收购上表现主动但深思熟虑——它实际上是一
次兼并，该机构很顺利地融入了我们，因为两个品牌在本质上十分相近。"在
某种程度上，兼并与收购是合作关系的终极结果，而品牌亲和力既能够吸引
潜在的收购目标，也能够评估并购双方的合适程度和相似性。当兼并或收购
发生时，品牌民主化与品牌完整性将帮助组织吸引利益相关者参与到对新组
织的识别和形象进行重新定义和统一的工作中。

不同组织结构的品牌管理

品牌的作用和管理品牌的挑战会因组织结构和目标的不同而产生差别。
一家单体非营利组织或许会比联盟、组织网络或同盟更轻松地管理自己的品
牌。一家社区服务组织所面对的品牌管理问题也会比线上传播机构复杂得多。

---

① 美国税法的一个条款。——译者注

尽管我们不可能阐述所有类型的组织结构和运营战略可能面对的品牌管理问题，但我们可以对不同的单体组织，以及包含不同成员的组织之间的差异进行大致的考察；也可以对服务型组织与更关注宣传和政策变化的组织所面对的品牌管理挑战之间的差别做一些总结。

多实体的非营利组织

由多个自主程度不同但共用同一品牌的实体所形成的非营利组织面临的一项关键挑战是确保组织的品牌完整性。对于这些组织而言，品牌民主化更为重要也更为复杂。定义并发展共同的品牌识别，反映出共同的价值观和对使命的一致理解是组织发展的基础，而这需要技能、时间和对参与性过程的保证。单体非营利组织需要在垂直方向上统一内部利益相关群体，如董事会成员、执行官、项目主管、员工和志愿者等，而多实体非营利组织还需要实现水平方向上的一致性或创造实体间的凝聚力——这从根本上让品牌民主化产生了第二个维度。组织规模越大、成员越多、实体自主程度越高，这一任务就可能越艰巨并花费更长的时间。但是，之前章节中所述的战略和活动依然对这类组织适用。加拿大基督教青年会（YMCA Canada）采用了一种非常综合性的方法，强调教育和参与的重要性，就像早期采用的内部冠军制度和多功能团队，来推动对过程及结果的认同。

地方服务型组织

对于关注提供服务并与受益者建立紧密互动的非营利组织而言，品牌形象一定会通过提供服务和实施项目的员工与志愿者反映出来。受益者对品牌的认知建立在这些人的行为、话语和对组织的定义之上，员工和志愿者就是真正意义上的品牌。当这些组织实现了品牌民主化并具备品牌完整性时，这些员工和志愿者就能够更好地理解并感受到自身的品牌身份。交叉社区影响（Crossover Community Impact，CCI）是一个小而强的开发组织，它拥有一系列指导品牌识别、文化、行为以及员工和志愿者制定决策的价值观。董事会主席菲利普·阿波德指出，该组织格外强调个人关系，并要求雇员、志愿者甚至董事会成员居住在他们服务的社区中。搬到受益者居住的环境中是 CCI 变革理论的基本要求。通过践行组织的价值观，员工和志愿者完全能够代表品牌；基于同样的理由，项目以一种民主化的方式发展并在很大程度上由志愿者和雇员点点滴滴的努力所推动。

宣传型组织

对于注重宣传和政策改变的组织而言，品牌应当提升人们对问题的关注，提供有力的证据；动员人们、启发观点、推动合作以及资源共享，并从广泛的合作中获得支持。对于这些组织来说，关注推动共享的外部目标并使用开源品牌资产与工具能够吸引组织内外部的品牌大使。品牌亲和力作为一种品牌管理方式，使组织有能力建立并维持一系列合作关系，扩大其影响范围并促进政策的转变。

我们还发现，一些尝试提供通识教育的宣传型组织在品牌管理上面临特殊的挑战。当一个品牌同时被用于传达客观信息和为某个定位进行宣传时，外部利益相关者很难确定组织所扮演的角色。在组织拥有两套识别系统时，这很可能意味着组织缺乏品牌完整性。

基金会或捐赠组织

这类组织通常通过开展合作来达成它们的使命，并进而塑造品牌来吸引合适的合作对象，帮助它们开展工作直至实现共同目标。品牌亲和力对于基金会和品牌形象及其保持高度品牌完整性的工作尤为重要，需要通过聚焦组织的价值观来获得。这类组织还开始越来越多地帮助合作者们提升能力，增加品牌资产并有效地管理各自的品牌。

基金会在为合作者和协作关系提供训练并提升能力方面扮演着尤为重要的角色。它们通过在群体间分享数据、明确共同的目标和相关的变革理论来实现，而不仅是筹款。硅谷社区基金（Silicon Valley Community Foundation）正是采用了这样的方法——为合作者安排全年的会议并提供沟通机会。

组织生命周期不同阶段的品牌管理

组织与人类一样在生命周期中经历着不同的阶段。Susan Steven（2002）所做的基础性研究定义了七个阶段：观念、起步、青年（成长）、成熟、衰退、好转和终结。品牌在除了头尾两个阶段的其余各阶段中，都扮演着重要的角色。然而，我们发现在不同阶段，品牌管理的重点也有着细微的差别。Brother 和 Sherman 的新书《非营利组织能力的塑造》（*Building Nonprofit Capacity*）（2011）对每一阶段中的重大管理挑战和成功要素进行了分析，因此我们将在此卓越成果的基础上，利用品牌 IDEA 框架来讨论品牌在应对这些挑战时的作用。尽管品牌 IDEA 的方方面面在这些阶段中都很重要，我们将重点讨论对每一阶段最为关键的内容。

165

起步阶段

Brothers 和 Sherman 解释说，这一阶段中既有新组织，也有一些存续了一定时间的组织，我们可以通过组织内部对使命、愿景和项目战略的一致性理解来进行区分。两位作者强调，清晰地阐释使命、价值观、变革理论以及在内部利益相关者中发展并培养信任是十分重要的。一些新组织仍在尝试定义自己独特的贡献和定位，它们自然会产生一些困惑；但我们也遇到过一些组织在成立很久之后，依然在使命、价值和战略上模糊不清。

根据品牌管理理论，起步阶段的组织应当将重点放在通过品牌民主化方式和对内部品牌化的重视来开发或重新开发出一个强大的品牌识别上。吸引他人参与到定义组织身份、性质和存在意义的过程中将帮助组织明确自己的品牌识别，促进有关组织核心和存在价值的讨论，在组织内部建立信任并让品牌被更广泛地接受。聚焦定位和差异化，确定组织不是在重复他人的工作以及明确组织独特的价值贡献也将为清晰的品牌识别提供支持。实现品牌完整性会让组织准备好迎接成长阶段。

一些起步阶段的组织没有很高的品牌完整性，这是因为它们的使命不明确，时常发生改变，或其内部成员对项目重点和战略持反对意见。在我们看来，通过品牌民主化方式定义品牌识别对这些组织而言意义重大。

青年（成长）阶段

在这一阶段中，非营利组织开始提升其管理能力，建立基础设施、扩大项目规模并为组织的长期持续性成长建章立制。Brothers 和 Sherman 强调，组织应在这一阶段调整董事会、传承并改良组织文化。组织在这一阶段的特点表现为持续的改变和能力的提升，能力将会支持组织完成项目并达成使命。

在品牌管理方面，青年或成长阶段的组织应当继续关注品牌完整性，并
166 特别重视品牌形象与品牌识别的一致性。组织在能力成长方面的需求意味着它们更加需要通过清晰而有力的品牌形象来在外部利益相关者中发展信任关系。获得更多筹款资源和关系，吸引必要的人力资源和人才，跨越边界施加组织影响力都需要一个强大而稳定的品牌形象的支持，而它们也将促进信任并提升内部能力。在这一阶段，品牌更应当反映组织本身及其工作，而不能紧紧抱着创始人、牛人大咖或有实力的合作者不放，这与起步阶段有所不同。

在这一阶段中，品牌 IDEA 同样在防止组织发生使命偏离或重复他人劳动方面起到重要作用。女孩教育就是在成长阶段中，开发了一套适用于在印度其他地区工作的模型。对品牌民主化的有效利用为女孩教育带来了机会、观念和热情，通过品牌大使为组织的发展提供了支持。

在成长阶段中，通过强化动能，支持超越最初的采用者和支持者，许多组织还尝试着跨越"摩尔鸿沟"（高技术市场中早期采用者和大众消费者之间的差距）（1999）。中国组织善淘网收集废弃衣物的捐助，在残疾员工的帮助下在网上重新销售并用利润来为残障人士提供帮助，该组织正处于这一时期。善淘网虽然规模不大但相当成功，它试图推动慈善领域的文化和规则的变化——让慈善成为日常生活的一部分、成为一种简单和快乐的行为，进而进入成长的下一阶段。它有效地利用了社会化媒体和新浪微博来实现这一目标。品牌民主化和品牌亲和力在引领运动、鼓励组织进入下一阶段所需要的文化

转变上都起到了重要的作用。

成熟阶段

Brothers 和 Sherman 将这一阶段的特征表述为"扩大影响力"，他们指出：除了定位和利用数据来实现承诺，这一阶段的组织还能够"创造一系列有价值的合作与社区联系，这些工作会赢得外界对组织的信任"（p.19）。尽管这一阶段组织工作的重点是扩大影响力，但这并不意味着仅仅通过组织自身的成长和项目的重复来实现；组织完全可以通过其他组织或政策的调整完善其变革理论或获得新的理念。

在品牌管理方面，品牌亲和力对于成熟组织尤为重要。从注重塑造组织内部能力到注重分享外部目标的转变是品牌亲和力的核心，同时我们也认为这是所有成功合作关系的基础。这并不意味着品牌完整性与品牌民主化在这一阶段不再重要，或组织需要在成熟之后再开始考虑品牌亲和力。但是，对品牌亲和力的关注对于成熟阶段，即组织追求更广泛的影响力的时期特别重要。

世界自然基金会（WWF）正是一个活动随着时间发展或扩大的成熟组织代表，它所面对的挑战是：在许多受众眼中，该组织著名的大熊猫标志仅代表种群保护工作，却不能反映出该组织在土地保护、宣传和大量跨领域合作方面的工作。该组织的知名度很高，却很少有人了解它在做什么。世界自然基金会曾着手明确使命、战略及其品牌的工作。媒体与外事主任史蒂夫·厄特尔（Steve Ertel）说道，"我们需要更好地与不同人们建立联系……我们在表达自己的工作和工作方式上做得不错，但有时忘记告诉大家我们做这些工作的原因"（Jayawickrama，2011，p.2）。该组织开展了大量合作，为特种商品寻找市场、实施田野项目、推动政策转变、提倡环保意识并动员公众。世界自然基金会使用品牌亲和力的方式在不同领域挑选合作者，并使用品牌来推进合作关系，实现更大的共同目标；世界自然基金会还应用品牌亲和力推动实现了"地球一小时"（Earth Hour）活动的成功——世界各地的人们轮流参与其中，在每年三月的某一天（译者注：最后一个星期六）关闭电灯一小时（Jayawickrama，2011）。

停滞阶段

这一阶段实际上包含两种可能：一段时期的衰退之后迎来一段时间的好转或复兴，或者一段时间的衰退导致组织的瓦解。理论上，大多数非营利组织是在自我淘汰，因为一旦使命达成，就没有存在的必要了。在现实中这几乎从未发生。许多进入停滞阶段的组织试图让自己好转，其结果也各有不同。通常，组织的好转需要内部对组织优劣势进行评价和对组织外部的威胁与机会进行分析（或 SWOT 分析），其中包括对需求以及生态系统中其他组织所起的作用进行评估。这样的分析可能会促成组织战略定位的改变，并将带来品牌识别和品牌形象的更新。

在品牌管理上，衰退或停滞阶段有时会伴随品牌完整性的缺失（在先前品牌重塑章节中有所提及），这是因为没有和组织项目的进展保持同步而导致品牌认知过时。在这种情况下，使命和项目依然高度相关，但外界对品牌形象的认知却并不准确或与品牌识别产生差异。因此，组织应当重视通过品牌民主化过程提升品牌完整性，吸引来自组织内外的利益相关者的参与。

在其他情况下，组织的核心价值观或使命可能不再相关，因而组织需要对品牌识别做更加彻底的改变。此时，组织会回到品牌管理的起步阶段，同时伴随着脱离负面品牌形象的困难。首都地区联合之路（the United Way of the National Capital Area）的营销与沟通高级副总裁克里·摩根（Kerry Morgan）指出该组织"用了十年时间试图为所有人做所有事，却最终一事无成"。摩根在 2010 年面临振兴组织的挑战，她需要同时面对利润的衰减并平息最近的诈骗丑闻。她与同事开始开发出一些项目，以此重塑并明确清晰的使命和共同目标。尽管遇到了拒绝改变的阻力，摩根还是强调了使用外部数据来"快速建立内部信任"的重要性，并让品牌重塑工作为大家所接受。

总　结

　　尽管在本章中阐述的开端和具体情况会随着组织类型和组织在生命周期中的不同阶段而发生改变，通过品牌民主化塑造品牌完整性并发展品牌亲和力的建议依然适用。我们看到越来越多的非营利组织开始意识到品牌在达成使命中扮演的重要角色，并注重塑造或重振它们的品牌。使用品牌来吸引利益相关者的参与是品牌 IDEA 的核心，对于推动各项运动的开展同样十分关键。随着非营利组织越来越多地进行兼并和收购，对品牌亲和力的理解将帮助它们选择并评估潜在的机会。尽管品牌管理中的具体问题有所不同，品牌 IDEA 框架依然能够帮助所有组织辨别并应对潜在的问题，让它们更有效地达成并最大化其影响力。

169

总结　你能行！

　　本书详细阐释了一系列重要的概念，我们希望它们能够为非营利组织及与其一同开展工作的人们带来帮助——帮助他们更有效地管理品牌并提升影响力。在总结部分中，我们将向大家描述一个成功实现了品牌 IDEA 的组织的模样，并就不同角色对品牌 IDEA 的利用方式提出一些建议。

应用品牌 IDEA

　　品牌 IDEA 是一种思考品牌的框架和塑造并管理品牌的指导思想。我们不仅将其视为判断一个组织是否是有效管理品牌的工具，也将其看作一个指导组织品牌管理的规范模型。在先前的章节中，我们分别描述了这一模型中的不同部分以及如何实践品牌 IDEA 框架。第八章中列出的原则将帮助那些无法决定是否需要进行品牌重塑的组织对其可能面对的品牌问题进行诊断，它们可被用来测试并决定组织遵循原则的程度，并明确组织在更有效管理品牌时的首要事项。组织也可以通过接受这些原则和关键步骤来实现品牌 IDEA，不论它们是新兴组织或正在进行品牌重塑的成熟组织。

　　我们希望书中引用的理论和案例对你产生激励作用，但我们同样想向你描述一个组织"正确理解品牌 IDEA 时"的行为和模样。以下是我们总结的那些成功通过品牌 IDEA 框架对品牌进行了管理的组织的特点：

- 当一个组织拥有了品牌完整性时，它就会在其使命、价值观和战略中植入品牌识别以创造内部凝聚力，这意味着董事会成员、员工和志愿者都能够充分理解，准确描述组织的"谁、什么、为什么"并接受其指导。这样的独特性与共同的目标使组织产生凝聚力，并成为效率和效益的来源。一个拥有品牌完整性的组织还将努力整合品牌识别与品牌形象，与外部利益相关者建立信任关系，并反过来让组织吸引各种资源。

- 品牌完整性是一种通过品牌民主化来实现的状态。当一个组织通过品牌民主化建立了品牌完整性后，它便能为组织内外的品牌大使提供授权和支持。品牌化指南取代了严格的品牌控制。运用了品牌民主化方法的组织能够意识到品牌是每个人的责任，并鼓励大家广泛地参与到品牌的表达与沟通过程中。

- 当一个组织用品牌完整性来追求品牌亲和力时，它将关注共同目标，并采纳"协作将最大化影响力"这一观念。具有品牌亲和力的组织使用品牌来辨别合作者，吸引它们并提升它们的价值，与它们分享信用、品牌工具与品牌财产。具有品牌亲和力思维的组织注重"将蛋糕做大"，它们将合作看作一种塑造能力并推动社会变革的战略，而非一种等价交换。

应用品牌 IDEA 时不同角色的功能

与哈佛大学豪泽公民社会研究所的詹妮弗·麦克雷所说的筹款"是每个人的工作"相似，我们认为品牌管理是每个人的责任，且组织内外都存在大量潜在的品牌大使。关键个体与关键组织能够在通过品牌民主化实现品牌完整性并推进品牌亲和力的过程中扮演重要角色。接下来，我们将分别描述不同利益相关者在塑造非营利品牌时所承担的角色。

董事会的角色 173

董事会成员既是第一批品牌大使，也是最重要的一批，但同时他们也是CEO 的支持团队和顾问。董事会成员在塑造品牌完整性、实现品牌民主化和提升品牌亲和力方面起到关键作用。几周前，一个本地小型非营利组织的董事会成员向我们咨询如何开展一项品牌计划。在这个案例中，董事会成员常常能为组织提供灵感和指导，让组织开始思考品牌管理并为之投入时间和精力。董事会成员有时还是"矿井中的金丝雀"，他们能够注意到潜在的使命偏移、不一致与品牌混乱。如果你身在一家非营利组织的董事会中，我们希望品牌 IDEA 为你提供一个开展参与性过程的框架和指导，进而促进组织的变化。

CEO 的角色

CEO（或执行董事）是组织品牌的管家。Karl Speak（1998）将品牌管家定义为"主动管理品牌的过程。品牌管家包括长期遵守品牌承诺的方式，以及创造并维护品牌资产的品牌关系"（p.33）。CEO 对品牌和品牌管理行为的支持将主导整个组织的基调。如果他/她是一位品牌怀疑论者，组织就将难以发展并利用品牌。但倘若 CEO 将品牌视为组织最珍贵的战略资产之一和达成使命并创造影响力的关键工具的话，品牌就能够成为组织内的驱动力和凝聚力。通过内外部的各种讨论、展示及沟通活动，CEO 能够抓住机会强调品牌的实质，推动品牌完整性的塑造；CEO 还能够提升品牌民主化的地位，强调内部教育和训练并赋予品牌大使适当的权力。最后，CEO 在建立品牌亲和力上起重要作用，因为个人关系的优势是组织合作中的重要因素。如果你是一家非营利组织的 CEO，你就是品牌管家。我们鼓励你塑造品牌完整性、推进品牌民主化并提升品牌亲和力。

营销、沟通与筹款主管的角色

在我们两年的研究中，许多营销、沟通与筹款主管已经开始让品牌 IDEA 的一些方面成为现实。即使组织中存在品牌怀疑论、不理解和少数人的支持，这些人依然勇敢地在他们的组织中推广品牌、传播品牌的重要性。在许多非营利组织中，负责营销和沟通的员工需要应对这样的错误概念：聚焦组织的品牌会和组织使命的达成以及社会影响力的提升产生冲突。"对一些人而言，谈论品牌是一种轻率的行为,因为我们走在拯救生命的道路上",PSI 的凯特·罗伯特解释道。然而当品牌被认为是与使命、价值观和战略紧密相连时,有关如何塑造并传播品牌的讨论就将十分重要,并成为组织工作的中心。如果你负责营销、沟通或为组织筹款,请留意:你的工作非常关键,且你处于帮助组织其他员工理解品牌、品牌能够为组织做什么以及如何有效地对其进行管理的绝佳位置。你能够将品牌 IDEA 作为在组织中开展品牌民主化的"捷径"和促进变革的框架。

项目和现场人员的角色

在许多组织内,项目和现场人员是品牌的具体呈现形式。他们谈论组织和项目的方式、他们的表现及他们的行动将创造与品牌形象紧密相连的经历和印象。这些人正是组织最有力和天然的品牌大使,也是与具体工作、受益者和合作者联系最紧密的内部成员。项目和现场人员掌握重要的信息,了解成员的需求、当地其他组织的角色和定位。他们应当成为品牌民主化工作的关键成员,并参与对品牌识别的定义、描述和传达。如果你置身于项目或现场工作中,你就是组织的品牌大使,而你的知识和信息是保持组织重要性和真实性的关键。把你的话说出来吧! 分享你的知识和故事,积极地参与塑造组织品牌,并利用它来支持与强化你的工作。

志愿者的角色

一些非营利组织几乎完全依赖一群积极的志愿者们,他们既是董事会成员,又扮演着执行的角色;其他组织则在特定场合或活动中使用志愿者。在与项目和现场人员一起的情况下,志愿者在定义并传达品牌识别上扮演重要角色,他们也同样是组织的品牌大使。许多非营利组织并未意识到志愿者能带来的真正价值。如果你是非营利组织的志愿者,我们鼓励你分享自己的认知,并寻找能够反映组织品牌本质的故事。你应当更多地参与并将自己视为品牌大使和品牌拥护者。

捐助者的角色

捐助者在强化非营利组织品牌和增加总体影响力与能力上扮演着多重角色，他们能够鼓励受让人建立明确的使命、清晰的变革理论、准确的定位与差异化以及明晰的品牌管理战略。这些工作将减少这一领域中的重复工作，并确保每个组织都用独特的方式来增加价值、响应重要和独特的需求。我们在第九章中描述了基金会是怎样扮演超出捐助组织的角色的：它们将组织集合起来应对一个更大的目标，并提升品牌完整性、民主化与亲和力。如果你是一个捐赠性（Grant-making）组织，你能够通过促进并支持被捐助者对品牌 IDEA 的应用，在塑造能力和提升有效性的过程中产生极大的影响。

个人捐赠者的角色

个人捐赠者也可以成为积极的品牌大使并为他们关注的组织做出贡献。社会化媒体力量的增强让捐赠者的角色得以强化，他们获得了越来越多的人参与到组织中并保持其品牌的重要性、清晰度和真实性的机会。作为一名捐赠者，你应当分享组织对你的意义，在财务上和战略上支持组织，关注组织的持续成长，延续强大的品牌。

合作者的角色

本书已经指出：协作是未来的常态。那些理解了品牌 IDEA 中的概念，尤其是品牌亲和力概念的组织，将能够与其合作者分享这些观点并让组织间对话更多地关注共同的外部目标和影响力。作为合作者，你可以主导通过创造更大价值来展现合作关系的效益或运用品牌来平衡协作服务与社会变革。慷慨地使用品牌和品牌资产来追求共同目标将激励其他组织并促进合作。你很可能会惊讶于合作的回报如此迅速，同时注意到合作者会模仿品牌亲和力的方式。

总结思考

这是一个让非营利组织感到激动的时代。正如第一章所述，我们正在目睹社会变革和管理理论的诞生，它使得品牌 IDEA 框架对于非营利组织管理者变得十分重要和迫切。组织渗透性和开放式创新的概念指出：在未来，没有人将仅与内部员工一起为传统组织工作。我们将更多地在流动的团队、信息和资产的网络中完成任务，责任将会被公开和广泛地分享。品牌民主化十分适合这样的新环境，正如共识性筹款（Exponential Fundraising）这一理念。整体影响力、共享价值、非营利网络的概念，以及监管和评估的改变都意味着一种新的模式：合作各方共享重大而艰巨的目标，并探索新型合作方式来产生超越个体组织能力的影响力。品牌亲和力是一条利用这些改变和机会的途径。领导力专家将自我认知、真实性和协作参与能力视为优秀领导者的关键个性。我们相信这些个性同样适用于好的组织，而这些组织天生就存在于品牌 IDEA 框架之中。品牌完整性扎根于自我认知和真实性中。明白自己的身份、自己所做的事情以及这些事情为何重要能够帮助非营利组织获得独特性，并聚焦于将这种独特性转化为有效的行动。

尽管在某些方面品牌 IDEA 只是一个规范性模型，一个不同于传统品牌管理实践的新框架，它同时也反映了许多非营利组织正在利用品牌为其使命服务的方式，因此，它也是一个描述性模型。在研究和撰写本书的过程中，我们与大量不同组织进行了对话，并从它们所展示的巨大差异中获得了动力和灵感。我们衷心地希望品牌 IDEA 框架能够帮助所有非营利组织最大化它们的影响力，并支持与它们相关的个人每天为改变这个世界所做出的努力。我们期待着见到越来越多强大的非营利品牌。谢谢你们，祝你们好运。你们能行的！

177

参考文献

导论

Edelman. 2012. *Edelman Trust Barometer*. http：//www.edelman.com/trust/2012/.

Kylander，Nathalie，and Christopher Stone. 2012. The role of brand in the nonprofit sector. *Stanford Social Innovation Review*，10（2）：35-41.

第一章

Austin，James. 2000. Strategic collaboration between nonprofits and businesses. *Nonprofit and Voluntary Sector Quarterly*，29（1）：69-97.

Bartone，Paul T.，and Linton Wells Ⅱ. 2009. *Understanding and leading porous network organizations*. Washington D.C.：National Defense University Center for Technology and National Security Policy.

Bulloch，Gib. 2009. *Development collaboration：None of our business?* London：Accenture. http：//www.accenture.com/SiteCollectionDocuments/PDF/Accen-ture_Development_Collaboration_none_of_our_Business.pdf.

Clay，Alexa，and Roshan Paul. 2012. Open innovation：A muse for scaling. *Stanford Social Innovation Review*（Fall）：17-18.

Dixon，Julie，and Denise Keyes. 2013. The permanent disruption of social media. *Stanford Social Innovation Review*（Winter）：24-29.

Hanleybrown，Fay，John Kania，and Mark Kramer. 2012. Channeling change：

Making collective impact work. (Blog post). *Stanford Social Innovation Review* (January 26). http: //www.ssireview.org/blog/entry/channeling_change_making_collective_impact_work.

Hirschhorn, Larry, and Thomas Gilmore. 1992. The new boundaries of the "boundaryless" company. *Harvard Business Review*, 70 (3): 104 –115.

Jayawickrama, Sherine. 2011. NGOs and social media: Early experiences and key lessons. White paper produced for NGO Leaders Forum, Hauser Center for Nonprofit Organizations, Harvard University, Cambridge, Massachusetts.

Kania, John, and Mark Kramer. 2011. Collective impact. *Stanford Social Innovation Review* (Winter): 36–41.

Kanter, Beth. 2012. Becoming a networked nonprofit. (Blog post). *Stanford Social Innovation Review* (August 30). http: //www.ssireview.org/blog/entry/becoming_a_networked_nonprofit.

Klugman, Barbara. 2009. *Less is more: Thoughts on evaluating social justice advocacy*. New York: Ford Foundation.

Martin, Roger. 2012. Opening up the boundaries of the firm. (*Harvard Business Review case study*). Available at http: //hbr.org/product/opening –up –the –boundaries–of–the–firm/an/ROT154–PDF–ENG.

McCrea, Jennifer. 2010. Exponential growth through collaboration. *Exponential Fundraising* (April 29). http: //jennifermccrea.com/2010/04/exponential –growth –collaboration/.

McCrea, Jennifer. 2012. Expobit: 14 see and clear obstacles. (Blog post). *Exponential Fundraising* (April 23). http: //jennifermccrea.com/2012/04/expobit–13/.

McCrea, Jennifer. 2013. A course in exponential fundraising. http: //www. hks.harvard.edu/hauser/cef/.

Nee, Eric, and Michele Jolin. 2012. Roundtable on collective impact. *Stanford Social Innovation Review* (Fall): 25–29.

Peloza, John, and Loren Falkenberg. 2009. The role of collaboration in achieving corporate social responsibility objectives. *California Management Review*, 51 (3): 95–113.

Pohle, George, and Jeff Hittner. 2008. Attaining sustainable growth through corporate social responsibility. IBM Institute for Business Value. http://www-935.ibm.com/services/au/gbs/pdf/csr_re.pdf.

Porter, Michael, and Mark R. Kramer. 2011.Creating shared value. *Harvard Business Review*, 89 (1/2): 62–77.

Rugh, Jim. 2008. The Rosetta stone of logical frameworks. Table compiled for CARE International and InterAction's Evaluation Interest Group. http://www.mande.co.uk/docs/Rosettastone.doc.

Sabeti, Heerad. 2011. The for-benefit enterprise. *Harvard Business Review* (November): 98–104.

Schmitz, Paul. 2011. *Everyone leads: Building leadership from the community up*. San Francisco: Jossey-Bass.

Sprinkle, Geoffrey B., and Laureen A. Maines. 2010. The benefits and costs of corporate social responsibility. *Business Horizons*, 53 (5): 445–453.

Urban Institute. 2013. Nonprofits. http://www.urban.org/nonprofits/.

Wei-Skillern, Jan, and Sonia Marciano. 2008. The networked nonprofit. *Stanford Social Innovation Review*, 6 (2): 38–43.

Yankey, John A., and Carol K. Willen. 2010. Collaboration and strategic alliances. In *the Jossey-Bass handbook of nonprofit leadership and management*. 3rd ed. David O. Renz, 375–400. San Francisco: Jossey-Bass.

第二章

Aaker, David A. 1991. *Managing brand equity: Capitalizing on the value of a brand name*. New York: Free Press.

Aaker, David A. 1996. *Building strong brands*. New York: Free Press.

Aaker, David A. 2004. Leveraging the corporate brand. *California Management*

Review, 46 (3): 6–18.

Adamson, Allen P. 2006. *Brandsimple: How to turn a simple philosophy into a powerful brand*. New York: Palgrave Macmillan.

Andreasen, Alan, and Philip Kotler. 2007. *Strategic marketing for nonprofit organizations*. 7th ed. Upper Saddle River, NJ: Prentice Hall.

Argenti, Paul, and Bob Druckenmiller. 2004. Reputation and the corporate brand. *Corporate Reputation Review*, 6 (4): 368–374.

Arnold, David. 1992. *The handbook of brand management*. London: Century.

Atilgan, Eda, Serkan Akinci, Safak Aksoy, and Erdener Kaynak. 2009. Customer–based brand equity for global brands: A multinational approach. *Journal of Euromarketing*, 18 (2): 115–132.

Austin, James. 2000. Strategic collaboration between nonprofits and businesses. *Nonprofit and Voluntary Sector Quarterly*, 29 (1): 69–97.

Bedbury, Scott, and Stephen Fenichell. 2002. *A new brand world: 8 principles for achieving brand leadership in the 21st century*. New York: Penguin Books.

Benz, Matthias. 2005. Not for the profit, but for the satisfaction? Evidence on worker well being in non–profit firms. *International Review for Social Sciences*, 88(2): 155–176.

Bergstrom, Alan, Dannielle Blumenthal, and Scott Crothers. 2002. Why internal branding matters: The case of Saab. *Corporate Reputation Review*, 2(3): 133–142.

Bishop, David. 2005. Not–for–profit brands: Why are many under–utilized by their owners? Paper presented at the 2nd Australian Nonprofit and Social Marketing Conference, September 22–23, Melbourne, Australia.

Bryce, Herrington J. 2007. The public's trust in nonprofit organizations: The role of relationship marketing and management. *California Management Review*, 49 (4): 112–132.

Campbell, Margaret C. 2002. Building brand equity. *International Journal of*

Medical Marketing, 2 (3): 208-218.

Cuesta, Carlo. 2003.Building the nonprofit brand from the inside out. Creation In Common LLC. http: //www.ashanet.org/centralnj/conference/2007/docs/Buildingthe NonprofitBrand.pdf.

Daw, Jocelyne, and Carol Cone. 2011. Breakthrough nonprofit branding: *Seven principles to power extraordinary results*. Hoboken, NJ: Wiley.

Deatherage, Joleen. 2009. The importance of nonprofit branding. *Philanthropy Journal* (July 24). http: //www.philanthropyjournal.org/resources/marketingcommu - nications/importance-nonprofit-branding.

Ellis K. 2004. Protecting your brand. *Franchising World*, 36 (8): 18-20.

Fletcher, Winston. 2002. Cross-border consistency is a positive sign for trusted brands. *Marketing* (March 14): 18-19.

Foreman, Karen. 1999. Evolving global structures and the challenges facing international relief and development organizations. *Nonprofit and Voluntary Sector Quarterly*, 28 (1): 178-197.

Fournier, Susan. 1998. Consumers and their brands: Developing relationship theory in consumer research. *Journal of Consumer Research*, 24 (4): 343-353.

Guzman, Francisco, Jordi Montana, and Vicenta Sierra. 2006. Brand building by associating to public services: A reference group influence model. *Journal of Brand Management*, 13 (4): 353-362.

Gylling, Catharina, and Kirsti Lindberg-Repo. 2006. Investigating the links between a corporate brand and a customer brand. *Journal of Brand Management*, 13(4): 257-267.

Hankinson, Philippa. 2005. The internal brand in leading UK charities. *Journal of Product and Brand Management*, 13 (2-3): 84.

Heberden, Tim. 2002. Brand value management: The Achilles' heel of many risk management systems. Association for Financial Professionals Exchange, 22 (4): 58-62.

Johar, Gita Venkataramani, Jaideep Sengupta, and Jennifer L. Aaker. 2005. Two roads to updating brand personality impressions: Trait versus evaluative inferencing. *Journal of Marketing Research*, 42 (November): 458–469.

Kapferer, Jean–Noel. 2002. Is there really no hope for local brands? *Journal of Brand Management*, 9 (3): 163–170.

Knox, Simon, and David Bickerton. 2003. The six conventions of corporate branding. *European Journal of Marketing*, 37 (7/8): 998–1016.

Kotler, Philip. 2000. *Marketing Management*. Upper Saddle River, NJ: Prentice Hall.

Laidler–Kylander, Nathalie, and Bernard Simonin. 2009. How international nonprofits build brand equity. *International Journal of Nonprofit and Voluntary Sector Marketing*, 14 (1): 57–69.

Laidler–Kylander, Nathalie, John A. Quelch, and Bernard L. Simonin. 2007. Building and valuing global brands in the nonprofit sector. *Nonprofit Management and Leadership*, 17 (3): 253–277.

Lencastre, Paulo, and Ana Corte–Real. 2010. One, two, three: A practical brand anatomy. *Journal of Brand Management*, 17 (6): 399–412.

Letts, Christine W., William P. Ryan, and Allen Grossman. 1999. *High performance nonprofit organizations: Managing upstream for greater impact*. Hoboken, NJ: Wiley.

Liao, Mei–Na, Susan Foreman, and Adrian Sargeant. 2001. Market versus social orientation in the nonprofit context. *International Journal of Nonprofit and Voluntary Sector Marketing*, 6 (3): 254–268.

Mitchell, Alan. 2005. The curse of brand narcissism. *Journal of Brand Management*, 13 (1): 4–9.

Morrison, David E., and Julie Firmstone. 2000. The social function of trust and implications for e–commerce. *International Journal of Advertising*, 19 (5): 599–623.

M'zungu, Simon D. M., Bill Merrilees, and Dale Miller. 2010. Brand management to protect brand equity: A conceptual model. *Journal of Brand Management*, 17 (8): 605-617.

Nissim, Bill. 2004. Nonprofit branding: Unveiling the essentials. Guide Star. http: //www.guidestar.org/DisplayArticle.do? articleId = 833.

Ogilvy, David. 1983. *Ogilvy on advertising*. New York: Random House.

Oster, Sharon M. 1995. *Strategic management for nonprofit organizations*. New York: Oxford University Press.

Plummer, Joseph T. 1985. How personality makes a difference. *Journal of Advertising Research*, 24 (6): 27-31.

Quelch, John, and Nathalie Laidler-Kylander. 2005. *The new global brands: Managing non-government organizations in the 21st century*. Toronto: Thomson South-Western.

Ritchie, Robin J. B., Sanjeev Swami, and Charles B. Weinberg. 1999. A brand new world for nonprofits. *International Journal of Nonprofit and Voluntary Sector Marketing*, 4 (1): 26-42.

Roehm, Michelle L., and Alice M. Tybout. 2006. When will a brand scandal spill over, and how should competitors respond? *Journal of Marketing Research*, 43 (3): 366-373.

Salamon, Lester M. 1999. The nonprofit sector at a crossroads: The case of America. Voluntas: *International Journal of Voluntary and Nonprofit Organisations*, 10 (1): 5-23.

Sargeant, Adrian. 2009. *Marketing management for nonprofit organizations*. 3rd ed. Oxford: Oxford University Press.

Sentis, Keith, and Hazel Markus. 1986. Brand personality and the self. In *Advertising and consumer psychology*. Vol. 3 Ed. Jerry Corroe Olson and Keith Sentis, 132-148. New York: Praeger.

Thompson, Craig J., Aric Rindfleisch, and Zeynep Arsel. 2006. Emotional branding and the strategic value of the doppelgänger brand image. *Journal of Marketing*, 70（1）: 50–64.

第三章

Bergstrom, Alan, Danielle Blumenthal, and Scott Crothers. 2002. Why internal branding matters: The case of Saab. *Corporate Reputation Review*, 2（3）: 133–142.

Bobula, Jessica. 2005. Internal branding becomes a hot topic for b –to –b. *Business to Business*, 90（11）: 6.

Brest, Paul. 2010. The power of theories of change. *Stanford Social Innovation Review*, 8（2）: 47–51.

Burmann, Christoph, and Sabrina Zeplin. 2005. Building brand commitment: A behavioral approach to internal brand management. *Journal of Brand Management*, 12（4）: 279–300.

Foreman, Karen. 1999. Evolving global structures and the challenges facing international relief and development organizations. *Nonprofit and Voluntary Sector Quarterly*, 28: 178–197.

Grossman, Allen, and Arthur McCaffrey. 2001.（Rev. ed. 2010）. Jumpstart. Harvard Business School case study no. 301037 –PDF –ENG.Watertown, MA: Harvard Business School Publishing.

Ries, Al, and Jack Trout. 2001. *Positioning: The battle for your mind*. New York: McGraw–Hill.

Sargeant, Adrian, and John B. Ford. 2007. The power of brands. *Stanford Social Innovation Review*, 5（1）: 40–48.

Thomas, John Clayton. 2010. Outcome assessment and program evaluation. In *The Jossey–Bass handbook of nonprofit leadership and management*. 3rd ed. David O. Renz, 401–430. San Francisco: Jossey Bass.

Vallaster, Christine. 2004. Internal brand building in multicultural organi –

zations: A roadmap towards action. *Qualitative Market Research*, 7(2): 100–113.

第四章

Jayawickrama, Sherine. 2011.Embracing DNA, expanding horizons: The panda turns fifty. Hauser Center for Nonprofit Organizations, Harvard University. http: // www.hks.harvard.edu/hauser/role-of-brand/.

Stone, Christopher. 2011. Amnesty International: Branding an organization that's also a movement. Hauser Center for Nonprofit Organizations, Harvard University. http: //www.hks.harvard.edu/hauser/role-of-brand/.

第五章

Stone, Christopher. 2011. Amnesty International: Branding an organization that's also a movement. Hauser Center for Nonprofit Organizations, Harvard University. http: //www.hks.harvard.edu/hauser/role-of-brand/.

第六章

Kylander, Nathalie. 2011. The Girl Effect brand: Using brand democracy to strengthen brand affinity. Hauser Center for Nonprofit Organizations, Harvard University. http: //www.hks.harvard.edu/hauser/role-of-brand/.

第七章

Kania, John, and Mark Kramer. 2011. Collective impact. *Stanford Social Innovation Review* (Winter): 36–41.

Kylander, Nathalie. 2011. The Girl Effect brand: Using brand democracy to strengthen brand affinity. Hauser Center for Nonprofit Organizations, Harvard University. http: //www.hks.harvard.edu/hauser/role-of-brand/.

Oster, Sharon M. 1995. *Strategic management for nonprofit organizations*. New York: Oxford University Press.

Yankey, John A., and Carol K. Willen. 2010. Collaboration and strategic alliances. In *The Jossey-Bass handbook of nonprofit leadership and management*. 3rd ed. David O. Renz, 375-400. San Francisco: Jossey-Bass.

第八章

Aaker, Jennifer, and Andy Smith. 2010. *The dragonfly effect: Quick, effective, and powerful ways to use social media to drive social change*. San Francisco: Jossey-Bass.

Harris Interactive. Harris Poll EquiTrend. http://www.harrisinteractive.com/Products/EquiTrend.aspx.

Jayawickrama, Sherine. 2011. Embracing DNA, expanding horizons: The panda turns fifty. Hauser Center for Nonprofit Organizations, Harvard University. http://www.hks.harvard.edu/hauser/role-of-brand/.

Kylander, Nathalie, and Christopher Stone. 2012. The role of brand in the nonprofit sector. *Stanford Social Innovation Review* (Spring): 37-41.

Oster, Sharon M. 1995. *Strategic management for nonprofit organizations*. New York: Oxford University Press.

Stone, Christopher. 2011. Amnesty International: Case study. Hauser Center for Nonprofit Organizations, Harvard University. http://www.hks.harvard.edu/hauser/role-of-brand/.

Twersky, Fay, Phil Buchanan, and Valerie Threlfall. 2013. Listening to those who matter most, the beneficiaries. *Stanford Social Innovation Review* (Spring): 40-45.

第九章

Brothers, John, and Anne Sherman. 2011. *Building nonprofit capacity: A guide to managing change through organizational lifecycles*. San Francisco: Jossey-Bass.

Hammond, Darell. 2011. *KaBOOM! How one man built a movement to save play*. New York: Rodale Books.

Jayawickrama, Sherine. 2011. Embracing DNA, expanding horizons: The panda turns fifty. Hauser Center for Nonprofit Organizations, Harvard University. http: //www.hks.harvard.edu/hauser/role-of-brand/.

Kylander, Nathalie. 2011. The Girl Effect brand: Using brand democracy to strengthen brand affinity. Hauser Center for Nonprofit Organizations, Harvard University. http: //www.hks.harvard.edu/hauser/role-of-brand/.

Manzo, Peter. 2012. Branding social change? Review of *Uprising: How to build a brand and change the world by sparking cultural movements*, by Scott Goodson. *Stanford Social Innovation Review* (Fall): 15-16.

Moore, Geoffrey. 1999. *Inside the tornado: Marketing strategies from Silicon-Valley's cutting edge*. 2nd ed. New York: HarperBusiness.

Shirky, Clay. 2008. *Here comes everybody: The power of organizing without organizations*. New York: Penguin Group.

Stevens, Susan K. 2002. *Nonprofit lifecycles: Stage-based wisdom for non-profit capacity*. Wayzata, MN: Stagewise Enterprises.

总结

Speak, Karl. 1998. Brand stewardship. *Design Management Journal* (former series), 9 (1): 32-37.

个人和组织访谈名录

个人

Abode, Philip, president of the board, Crossover Community Impact（CCI）

菲利普·阿波德，董事会主席，交叉社区影响（机构名称）

Afkhami, Mahnaz, founder and president, Women's Learning Partnership

马哈纳兹·艾法卡米，创始人和主席，女性学习合作组织

Allen, Wilmot, nonprofit adviser and founder, the Partnership for Urban Innovation

威尔莫特·艾伦，非营利顾问与创始人，城市创新合作者（机构名称）

Baker, Kali, director of communications, Omaha Community Foundation

卡利·贝克，沟通主任，奥马哈社区基金会

Balasubramaniam, R., MD, founder, Swami Vivekananda Youth Movement

巴拉苏布拉马尼亚姆，创始人，斯瓦米·维韦卡南达青年运动

Barlow, Joan, creative services manager, Robert Wood Johnson Foundation

琼·巴洛，创意服务经理，罗伯特·伍德·约翰逊基金会

Beeko, Markus, director of campaigns and communications, Amnesty International

马库斯·比克，活动与沟通主任，大赦国际（机构名称）

Bell, Peter, senior research fellow, Hauser Institute for Civil Society, Harvard University, and former CEO of CARE

彼得·贝尔，哈佛大学豪泽公民社会研究所高级研究员，CARE 公司前 CEO

Benedict, Elizabeth, communications director, Social Venture Partners

伊丽莎白·本尼迪克特，沟通总监，社会风险投资伙伴

Benito-Kowalski, Jennifer, director of outreach, Save the Redwoods League

詹妮弗·贝尼托-科瓦尔斯基，拓展主任，拯救红杉联盟

Bildner, Jim, senior research fellow, Hauser Institute for Civil Society; adjunct lecturer in public policy, Harvard Kennedy School; trustee of many organizations, including Kresge Foundation and Nonprofit Finance Fund

吉姆·比尔德纳，豪泽公民社会研究所高级研究员；哈佛肯尼迪学院公共政策兼职讲师；多个组织的理事，包括克雷斯吉基金会和非营利财务基金

Boyer, Mike, VP of strategic communications, Humanity United

布瓦耶·迈克，战略沟通副总裁，人类联合组织

Brandin, Pam, executive director, Vista Center for the Blind and Visually Impaired

帕姆·布兰丁，执行董事，盲人与视障人士 Vista 中心

Brew, Emily, former brand creative director, Nike Foundation (and Girl Effect)

艾米丽·布鲁，前创新主任，耐克基金会（女孩效应）

Carty, Winthrop, executive director, Melton Foundation

温思罗普·卡蒂，总经理，梅尔顿基金会

Chanoff, Sasha, founder and CEO, RefugePoint

萨沙·查诺夫，创始人和 CEO，避难点（机构名称）

Childress, Angha, executive director, Barakat

昂哈·奇尔德里斯，执行董事，Barakat（机构名称）

Chukwuma, Innovent, executive director, CLEEN Foundation
因诺森特·初乌玛，执行董事，CLEEN 基金会

Chyau, Carol, founder and CEO, Shokay
卡罗尔·乔琬珊，创始人及 CEO，Shokay（机构名称）

Davidson, Jill, director of publications and communications, Educators for Social Responsibility
吉尔·戴维森，出版物与沟通主管，社会责任教育者

Davis, Steve, president and CEO, PATH
史蒂夫·戴维斯，主席兼 CEO，PATH（机构名称）

De Graaf, Kees, management coordinator, Twaweza
基斯·格里夫，管理协调员，Twaweza（机构名称）

Ding, Li, deputy director, Nonprofit Incubator
李丁，副主任，公益组织孵化器（NPI）

Dossa, Nooreen, communications manager, Educate Girls
诺因·多萨，沟通经理，女孩教育（机构名称）

Duffin, Peter, VP of brand and marketing, Lincoln Center for the Performing Arts
彼得·达芬，负责品牌与营销的副主任，林肯表演艺术中心

Dutt, Mallika, president and CEO, Breakthrough
玛莉卡·达特，主席及 CEO，突破（机构名称）

Edmondson, Shannon, development and communications officer, Public Education Foundation
香农·埃德蒙森，发展与沟通主管，公共教育基金会

Emery, Pip, former head of brand identity/communications, Amnesty International

皮普·埃默里，前品牌识别/沟通总监，大赦国际（机构名称）

Ertel, Steve, director of media and external affairs, World Wildlife Fund

史蒂夫·厄特尔，媒体与外事主任，世界自然基金会

Ettinger, Alexis, head of strategy and marketing, Skoll Centre for Social Entrepreneurship, Oxford University

亚历克西斯·埃廷格，战略和营销主任，牛津大学斯科尔社会企业研究中心

Fei, Deng, founder, Free Lunch for Children

邓飞，创始人，孩子的免费午餐（机构名称）

Ferrell-Jones, Sylvia, president and CEO, YWCA Boston

希尔维娅·费雷尔-琼斯，主席兼 CEO，波士顿基督教女青年会

Fuller, Lesley, funding, marketing and communications manager, Kibble Education and Care Centre

莱斯利·富勒，捐助、营销和沟通经理，苏格兰佩斯利基布尔教育与护理中心

Fulton, Katherine, president, Monitor Institute

凯瑟琳·富尔顿，主席，Monitor Institute（机构名称）

Goddard, Anne, president and CEO, Childfund

安妮·戈达德，主席兼 CEO，儿童基金会

Gutelius, Jeb, freelance nonprofit adviser

杰布·古特利乌斯，自由作家、非营利组织顾问

Hammock, John, associate professor of public policy, the Fletcher School, Tufts University

约翰·哈莫克，公共政策副教授，塔夫兹大学佛莱契学院

Hayes, Rachel, senior director, communications and community engagement, Oxfam America

雷切尔·海因斯，沟通与社区参与高级总监，美国乐施会

Helfrich, Chris, director, Nothing But Nets

克里斯·赫尔弗里希，主管，Nothing But Nets（机构名称）

Hicks, Adam, former VP of marketing and communications, CARE

亚当·希克斯，前营销与沟通副总裁，CARE USA（机构名称）

Hladin, Mihela, founder and CEO, Greenovate

米赫罗·贺拉丁，创始人兼CEO，绿色革新（机构名称）

Hogen, Robin, VP of communications, Robert Wood Johnson Foundation

罗宾·霍根，副理事长，罗伯特·伍德·约翰逊基金会

Holewinski, Sarah, executive director, Center for Civilians in Conflict

莎拉·霍列文斯基，执行董事，市民冲突中心

Hurst, Aaron, founder and CEO, Taproot Foundation

阿伦·赫斯特，创始人兼CEO，主根基金会

Husain, Safeena, founder and CEO, Educate Girls

萨菲纳·侯赛因，创始人兼CEO，女孩教育（机构名称）

Jung, Julie, director of communications, University of Chicago School of Social Service Administration

朱莉·荣格，沟通主任，芝加哥大学社会服务管理学院

Kuplic, Tom, president, ETO Consulting

汤姆·库普里克，主席，ETO咨询机构

Kurzina, Stephanie, VP of development and communications, Oxfam America

斯蒂芬妮·库尔斯纳，发展与沟通副主席，美国乐施会

Lawry, Steve, senior research fellow, Hauser Institute for Civil Society, Harvard University

史蒂夫·劳里，高级研究员，哈佛大学豪泽公民社会研究所

Letts, Christine, senior adviser, Hauser Institute for Civil Society, Harvard University, and Rita E. Hauser senior lecturer in the practice of philanthropy and nonprofit leadership, Harvard Kennedy School

克里斯汀·莱茨，哈佛大学豪泽公民社会研究所高级顾问，哈佛肯尼迪学院人类学实践与非营利领导力 Rita E.豪泽高级讲师

Lloyd, Martin, marketing communications manager, Greenpeace

马丁·劳埃德，营销沟通经理，绿色和平组织

Manduke, Noah, former chief strategy officer, Jeff Skoll Group, and president, social sector brand consultancy Durable Good

诺亚·曼杜克，Jeff Skoll 集团前首席战略官，品牌咨询机构 Durable Good 的主席

Marsh, Marcia, chief operating officer, World Wildlife Fund

玛西娅·马什，首席运营官，世界自然基金会

McCrea, Jennifer, senior research fellow, Hauser Institute for Civil Society, Harvard University

詹妮弗·麦克雷，高级研究员，哈佛大学豪泽公民社会研究所

McShane, Caitlyn, marketing and communications director, Opportunity Fund

凯特琳·麦克沙恩，营销与沟通总监，机遇基金会

Mehta, Shimmy, founder and CEO, Angelwish

史茉莉·希米，创始人兼 CEO，天使之愿（机构名称）

Mendez, Steve, directing of marketing, United Way of Dane County, WI

史蒂夫·门登，营销主管，戴恩县联合之路（威斯康星州）

Morgan，Kerry，senior VP of marketing and communications，United Way of the National CapitalArea

克里·摩根，营销与沟通高级副总裁，首都地区联合之路

Ness，Alicia Bonner，former development officer，Girl Up

爱丽西娅·邦纳·内丝，前发展部主任，成长吧女孩（机构名称）

Novy–Hildesley，Will，nonprofit consultant and founder，Quicksilver Foundry

威尔·诺维–希尔兹利，非营利顾问及创始人，快银基金

O'Brien，Julie，VP of communications and knowledge exchange，Management Science for Health

朱莉·奥布莱恩，沟通与知识交流副主席，健康管理科学（机构名称）

Parker，Stephen，leadership and organizational change expert

斯蒂芬·帕克，领导力与组织改革的专家

Paul，Mayur，head of communications and brand，HelpAge International

梅尔·保罗，沟通和品牌经理，国际助老会

Payne，Christa，VP of external affairs，Public Education Foundation

克丽丝塔·佩恩，分管外事的副总裁，公共教育基金会

Quelch，John，Charles Edward Wilson Professor of Business Administration，Harvard Business School

约翰·奎尔奇，查尔斯·爱德华·威尔逊工商管理教授，哈佛商学院

Reddick，Meghan，VP of communications，YMCA Canada

梅根·雷迪克，沟通副主席，加拿大基督教青年会

Roberts，Kate，VP of corporate marketing，communications，and advocacy，PSI

凯特·罗伯茨，分管营销、沟通与宣传的副总裁，PSI（机构名称）

Ross，Holly，former executive director，Nonprofit Technology Network

霍莉·罗斯，前执行总监，非营利技术网络

Round，Cynthia，executive VP for brand strategy and marketing，United Way Worldwide
辛西娅·朗德，品牌战略与营销执行副主席，全球联合之路

Saleh，Asif，senior director of strategy，communications，and capacity，BRAC
阿西夫·萨利赫，战略、沟通与能力高级总监，BRAC（机构名称）

Sanchez，Laura，former senior associate for strategic communications and engagement，Living Cities，and current digital strategist，Atlantic Media Strategies
劳拉·桑切斯，生活城市前战略沟通与业务高级经理，现大西洋媒体战略数字策略师

Schwartz，Beverly，VP of global marketing，Ashoka
贝佛利·施瓦兹，全球营销副总裁，Ashoka（机构名称）

Scott，Tom，director of global brand and innovation，Bill & Melinda Gates Foundation
汤姆·斯科特，全球品牌与创新主任，比尔和梅琳达·盖茨基金会

Seckler，Kirsten Suto，VP of branding and communications，Special Olympics
克里斯汀·苏乔·赛克勒，品牌与沟通副总裁，特奥会

Sim，Jack，founder and CEO，World Toilet Organization
杰克·西姆，创始人兼 CEO，世界厕所组织

Singh，Ramesh，former chief executive，ActionAid，and formerly with Open Society Foundations
拉梅什·辛格，行动援助的前首席执行官和开放社会基金会前董事

Srinath，Ingrid，executive director，Childline India
英格里德·斯里纳特，执行理事，Childline India（机构名称）

Stinebrickner-Kaufman, Taren, executive director, and founder, SumOfUs.org

塔伦·斯泰恩布里克纳-考夫曼，创始人兼总经理，SumOfUs.org（机构名称）

Stuart, Sara, director of communications and development, Union Settlement Association

萨拉·斯图尔特，发展与沟通主任，联合睦邻协会

Taylor, Jill, manager of foundation relations, American Academy of Pediatrics

吉尔·泰勒，基金关系经理，美国儿科学会

Tellado, Marta, VP of global communications, Ford Foundation

马尔塔·特里亚多，全球沟通副主席，福特基金会

Teriete, Christian, communications director, Global Call for Climate Action (and TckTckTck)

克里斯汀·特利瑞特，沟通总监，全球气候行动（机构名称）

Thony, Sharon Lee, director of marketing, Girl Scouts USA

萨伦·李·唐尼，营销总监，GSUSA（机构名称）

Thoren, Beth, director of communications and fundraising, Royal Society for the Protection of Birds

贝丝·托伦，沟通与筹款主任，皇家鸟类保护协会

Tritch, Courtney, director of marketing, Northeast Indiana Regional Partnership

考特尼·特力特斯，营销总监，东北印第安纳地区合作组织

Tuzo, Allison, collection editor, Archive for Research in Archetypal Symbolism

埃里森·图佐，收藏编辑，原型研究档案（ARAS）

Tyrrell, Shereen, former director of public education, Massachusetts Children's Trust Fund

谢林·泰瑞尔，前公共教育主任，马萨诸塞州儿童信任基金

van Dyke, Chris, former senior VP of strategic communications, World Wildlife Fund

克丽丝·范·戴克，前战略沟通高级副总裁，世界自然基金会（WWF）

van Riet, Marinke, international director, Publish What You Pay

玛瑞克·范·里特，国际总监，公开支付（PWYP）

Viatella, Kathy, managing director of programs, Sustainable Conservation

凯西·维亚特拉，项目管理主任，可持续保护（机构名称）

Vlachos, Panagiotis, founder, Forward Greece

帕纳约蒂斯·韦拉凯奥斯，创始人，希腊前沿（机构名称）

Waggoner, Jenny, president, League of Women Voters of California

珍妮·瓦格纳，主席，加利福尼亚州女选民联盟

Wailand, Sybil, managing partner, Consumer Dynamics

西比尔·怀兰德，合伙人，消费者动态（机构名称）

Walker, Peter, director, Feinstein International Center, Tufts University

彼得·沃克，主任，塔夫斯大学费恩斯坦中心

Wells, Matt, executive director, Diavolo Dance Theater

马特·韦尔斯，执行董事，狄阿波罗舞蹈剧院

Wibulpolprasert, S., MD, senior adviser, Thailand's Ministry of Health

威布波普雷塞特博士，高级顾问，泰国公共卫生部

Witter, Lisa, chief change officer, Fenton Communications

莉萨·威特，首席变革官，芬顿通信

Wood, David, director of the initiative for responsible investment, Hauser

Institute for Civil Society, Harvard University

戴维·伍德，责任投资计划主管，哈佛大学豪泽公民社会研究所

Zaidman, Yasmina, director of communications and strategic partnerships, Acumen Fund

雅丝米娜·扎伊德曼，沟通与战略合作总监，睿智基金

Zhou, Xian, founder and CEO, Buy42

周贤，创始人及 CEO，善淘网

Zobor, Kerry, VP of communications, World Wildlife Fund

克里·佐博，沟通副主席，世界自然基金会（WWF）

组织

Action Aid　行动援助

Acumen Fund　睿智基金

American Academy of Pediatrics　美国儿科学会

Amnesty International　大赦国际

Angelwish　天使之愿

Archive for Research in Archetypal Symbolism（ARAS）　原型研究档案

Ashoka　Ashoka 机构

Barakat　Barakat 机构

Bill & Melinda Gates Foundation　比尔和梅琳达·盖茨基金会

BRAC　BRAC 机构

Breakthrough　突破

Buy42　善淘网

CARE　CARE 机构

Center for Civilians in Conflict　市民冲突中心

Childfund　儿童基金会

Childline India　Childline India 机构

CLEEN Foundation　CLEEN 基金会

Crossover Community Impact（CCI）　交叉社区影响

Diavolo Dance Theater　狄阿波罗舞蹈剧院

Educate Girls　女孩教育

Educators for Social Responsibility　社会责任教育者

Ford Foundation　福特基金会

Forward Greece　希腊前沿

Free Lunch for Children　孩子的免费午餐

Girl Scouts USA（GSUSA）　美国童子军

Girl Up　成长吧女孩

Global Call for Climate Action（TckTckTck）　全球气候行动

Greenovate　绿色革新

Greenpeace　绿色和平组织

HelpAge International　国际助老会

Humanity United　人类联合组织

Jumpstart　Jumpstart 机构

Kibble Education and Care Center　基布尔教育与护理中心

League of Women Voters of California　加州女选民联盟

Lincoln Center for the Performing Arts　林肯表演艺术中心

Living Cities　生活城市机构

Management Sciences for Health　健康管理科学

Massachusetts Children's Trust Fund　马萨诸塞州儿童信任基金

Melton Foundation　梅尔顿基金会

Monitor Institute　Monitor Institute 机构

Nike Foundation（Girl Effect）　耐克基金会（女孩效应）

Non-Profit Incubator　公益组织孵化器

Nonprofit Technology Network　非营利技术网络

Northeast Indiana Regional Partnership　东北印第安纳地区合作

Nothing But Nets　Nothing But Nets 机构

Omaha Community Foundation　奥马哈社区基金会

Opportunity Fund　机遇基金会

Oxfam America　美国乐施会

PATH　PATH 机构

PSI　PSI 机构

Public Education Foundation　公共教育基金会

Publish What You Pay（PWYP）　公开支付

RefugePoint　避难点

Robert Wood Johnson Foundation　罗伯特·伍德·约翰逊基金会

Royal Society for the Protection of Birds　皇家鸟类保护协会

Save the Redwoods League　拯救红杉联盟

Shokay（a social enterprise）　Shokay（一家社会企业）

Silicon Valley Community Foundation　硅谷社区基金

Sicial Venture Partners　社会风险投资伙伴

Special Olympics　特奥会

SumOfUs.org　SumOfUs.org（网址）

Sustainable Conservation　可持续保护

Swami Vivekananda Youth Movement　Swami Vivekananda 青年运动

Taproot Foundation　主根基金会

Twaweza　Twaweza 机构

Union Settlement Association　联合睦邻协会

United Way of Dane County（Wisconsin）　戴恩县联合之路（威斯康星州）

United Way of the National Capital Area　首都地区联合之路

United Way Worldwide　全球联合之路

University of Chicago School of Social Service Administration　芝加哥大学社会服务管理学院

Vista Center for the Blind and Visually Impaired　盲人与视障人士 Vista 中心

Women's Learning Partnership　女性学习伙伴

World Toilet Organization　世界厕所组织

World Wildlife Fund　世界自然基金会

YMCA Canada　加拿大青年基督会

YWCA Boston　波士顿基督教女青年会

作者简介

　　纳瑟莉·莱德勒-柯兰德女士是哈佛大学肯尼迪学院的公共政策讲师、豪泽公民社会研究所的高级研究员，同时也是塔夫兹大学弗莱彻学院的兼职副教授。她自2001年起开始研究非营利品牌，至今已撰写出多部有关该领域的著作，其中包括大量案例研究、一本案例集和数篇有关非营利品牌资产的文章。纳瑟莉在营利与非营利行业都有着丰富的工作经验，曾担任过高级营销职位。此外，她曾在伦敦帝国理工学院获得生物化学专业的科学学士学位，在哈佛商学院获得工商管理硕士（MBA）学位并在弗莱彻学院获得博士学位。纳瑟莉的研究兴趣在非营利品牌的角色与第四产业的兴起。她目前与丈夫和四个孩子居住在马萨诸塞州欣厄姆市。若想获得更多的信息，请访问 www.nathalielaidlerkylander.com。

　　朱莉娅·谢泼德·斯滕泽尔女士是一位非营利组织顾问和活跃的董事会成员。在过去20年的工作经历中，她的专业领域包括了战略、政策发展以及管理系统。朱莉娅曾为恺撒医疗集团、世界卫生组织以及 Temple，Barker & Sloane（如今是美世咨询的一部分）工作。她在普林斯顿大学获得学士学位并在哈佛商学院获得工商管理硕士（MBA）学位。目前，她与丈夫和两个孩子居住在加利福尼亚州奥林达市。若想获得更多的信息，请访问 www.juliastenzel.com。

致　谢

　　真不知该从哪里开始感谢如此之多为本书的出版做出了重大贡献的人们。最重要的是，没有这百余位与非营利领域品牌相关的人们的慷慨帮助——他们热忱地贡献出自己的时间、观点和建议，在2010~2012年与我们分享属于他们的故事和经历，我根本就不可能写出这样一本书。这些人中的一部分在书中有所阐述，但还有更多提供了同样重要帮助，尤其是在品牌IDEA框架形成初期提供过帮助的人并未出现。由于人数众多，我们无法一一列出；但我们深深地感谢每一位与我们进行过交流、参与了我们的工作并支持我们的人们。你们中的一些人成了我们的朋友，我们希望你们在字里行间找到自己的观点和智慧。你们为本书的面世提供了灵感和理由。谢谢你们！

　　2010年秋，哈佛大学肯尼迪学院的豪泽非营利组织中心（如今的豪泽公民社会研究所）希望对洛克菲勒基金会这一品牌在非营利领域的角色进行研究。因为我已经有近十年的非营利品牌研究经历，谢林·贾瓦威奇拉玛找到了我，我非常感谢这一选择。感谢洛克菲勒基金会、齐亚·汗与他的团队，他们认识到了品牌在非营利组织中的重要性并对我们的研究进行了指导；感谢罗布·加里斯一直以来对我们的支持。我们还要感谢豪泽中心研究团队的成员们：谢林·贾瓦威奇拉玛、约翰娜·查欧·克莱里克与亚历山大·皮特曼。她们在中心前学术主任克里斯·斯通的领导下建立了品牌周期角色与品牌IDEA的初始模型，并在之后的研究中成了我的好友与亲密的同事。他们的协作、研究与项目管理是十分珍贵的。感谢豪泽中心其他助理研究员，如拉希姆·柯纳里、娜塔莎·森德吉、索纳莉·夏尔马等人在这一时期给予的帮助。

在 2011 年秋，我有幸与《斯坦福社会创新评论（SSIR）》的总裁埃里克·尼取得了联系。他阅读了本书的早期版本，并帮助克里斯·斯通和我撰写了一篇文章发表在 SSIR 2012 年 2 月刊上，该文最后成了本书的蓝本。我感谢克里斯·斯通作为一名杰出的合作者与导师所做的一切，包容我们的多次交流与反复修改。我还要感谢巴斯出版社（Jossey-Bass）的艾莉森·汉基，她在 2012 年春为我提供帮助，鼓励我继续完成研究并以撰写本书为目标。埃里克、艾莉森，谢谢你们对本书的价值充满信心，并鼓励我坚持研究、写作和出版。

在 2012 年夏，我参与了在哈佛商学院的第 20 次聚会，与以前的同学共进午餐。当时我正暗自烦恼于如何在六个月内完成此书，同时还要完成全时教学工作并尽作为四个孩子的母亲的责任（其中三个是青少年）时，朱莉娅告诉我们她对写作充满兴趣。其余的事情，正如他们所说的，都已经过去了。没有朱莉娅的陪伴，我不可能度过艰苦的创作过程。我们的合作带来了出乎意料的经历、深深的友谊以及本书的出版。

在 2012 年的整个秋季，我们与许多业界人士进行了交流。他们为我们提供了大量灵感，帮助我们更深入地领悟了品牌 IDEA 框架在不同类型组织中的角色。我要特别感谢约翰娜·查欧·克莱里克和劳伦·利艾查奥出色的采访技巧。我们还获得了来自助理研究员内卡·詹金斯、埃德·弗雷谢特、安加里·弗勒里和萨拉·格拉维的帮助。在这一时期，我们重新回顾了亚历山大·皮特曼的工作与她对第一阶段研究结果进行的细致分析，在包括 SSIR 非营利组织管理大会等许多会议上发表了我们的工作成果并从与会者那里获得了珍贵的反馈。我们还要感谢哈佛肯尼迪学院 2012 秋季 MLD 801 的学生，他们的学期作业正是自己选取一个非营利组织并运用品牌 IDEA 框架对其进行分析。其中，安娜希·戈迪内斯、郝瑞希、加雷思·希钦斯、文斯·兰姆波恩、达扬·李和贾斯廷·皮卡德的成果被本书采用。我们衷心地感谢那些勇敢地阅读并评论本书的"潦草版"的人——吉塞尔·莫雷尔、克里斯·莱茨、谢林·贾瓦威奇拉玛和阿维瓦·阿戈特，他们的建议帮助我们完善了内容。感谢贝丝·托伦和萨拉·格拉维对修改后的版本进行逐章校对；感谢拜伦·施奈德、尼娜·科莱登和巴斯出版社的米歇尔·琼斯对最终版本进行的细致调整。

最后，我们十分感谢各自家庭的支持，我们高兴的不仅是完成了一本"书"，还激发了延续生命、提高士气的力量。

索 引

(fig 前面的数字指的是插图所在的页码；t 前面的数字指的是表所在的页码；e 前面的数字指的是样表所在的页码)

G

J

K

O